I0120386

Carl Millöcker, Richard Genée

Der Viceadmiral - Operette in 3 Akten

Carl Millöcker, Richard Genée

Der Viceadmiral - Operette in 3 Akten

ISBN/EAN: 9783744672474

Hergestellt in Europa, USA, Kanada, Australien, Japan

Cover: Foto ©Thomas Meinert / pixelio.de

Weitere Bücher finden Sie auf **www.hansebooks.com**

Der Viceadmiral.

Operette in 3 Acten

von

F. Zell und Richard Genée.

MUSIK

von

C. MILLÖCKER.

Clavierauszug mit Worten
Pr. M. 12.—

Clavierauszug ohne Worte
Pr. M. 4.50.

London, Ent. Stat. Hall.

Eigenthum des Verlegers. Mit Vorbehalt aller Arrangements.

Verlag von Aug. Cranz in Hamburg

Wien, C.A.Spina (Alwin Cranz) Brussel, A. Cranz
Déposé

Inhalt:

Act 1.

Act 2.

Act 3.

Introduction.

C. Millöcker.

4

Meno mosso.

Andantino.

Attacca Nº 1.

№ 1. Chor und Auftrittslied.

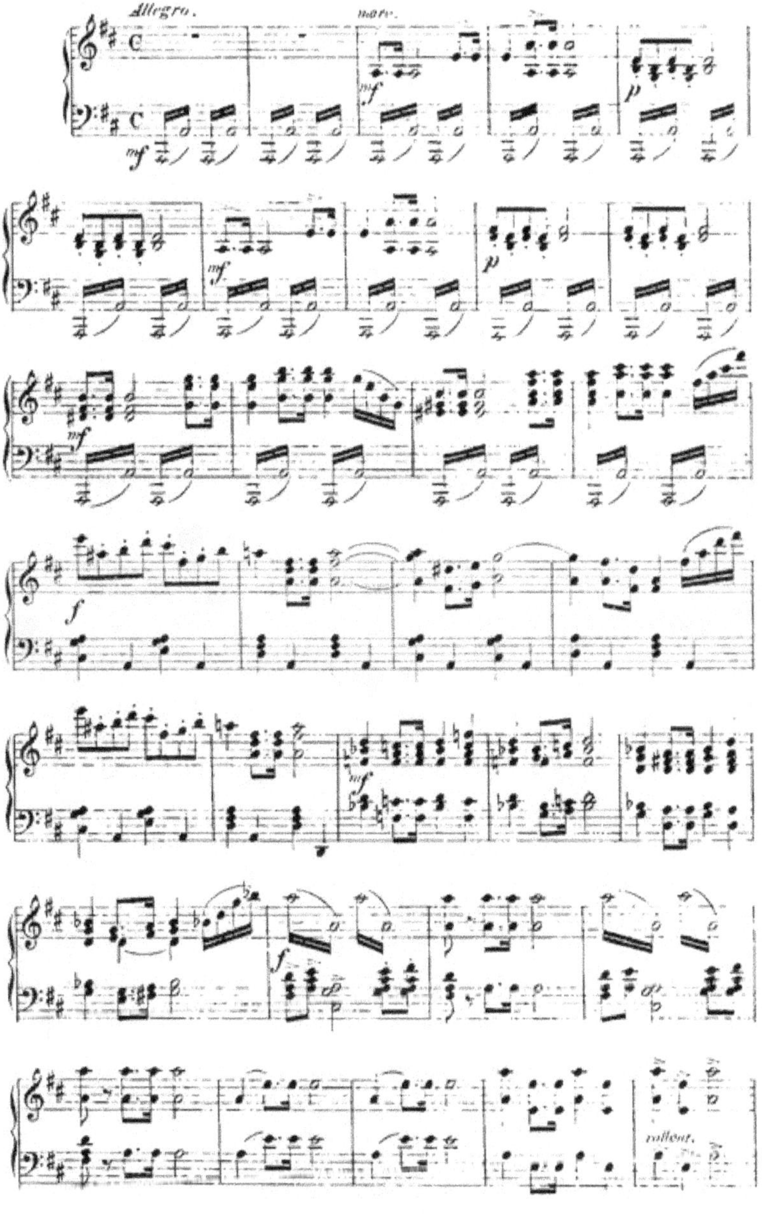

CHOR der MATROSEN.

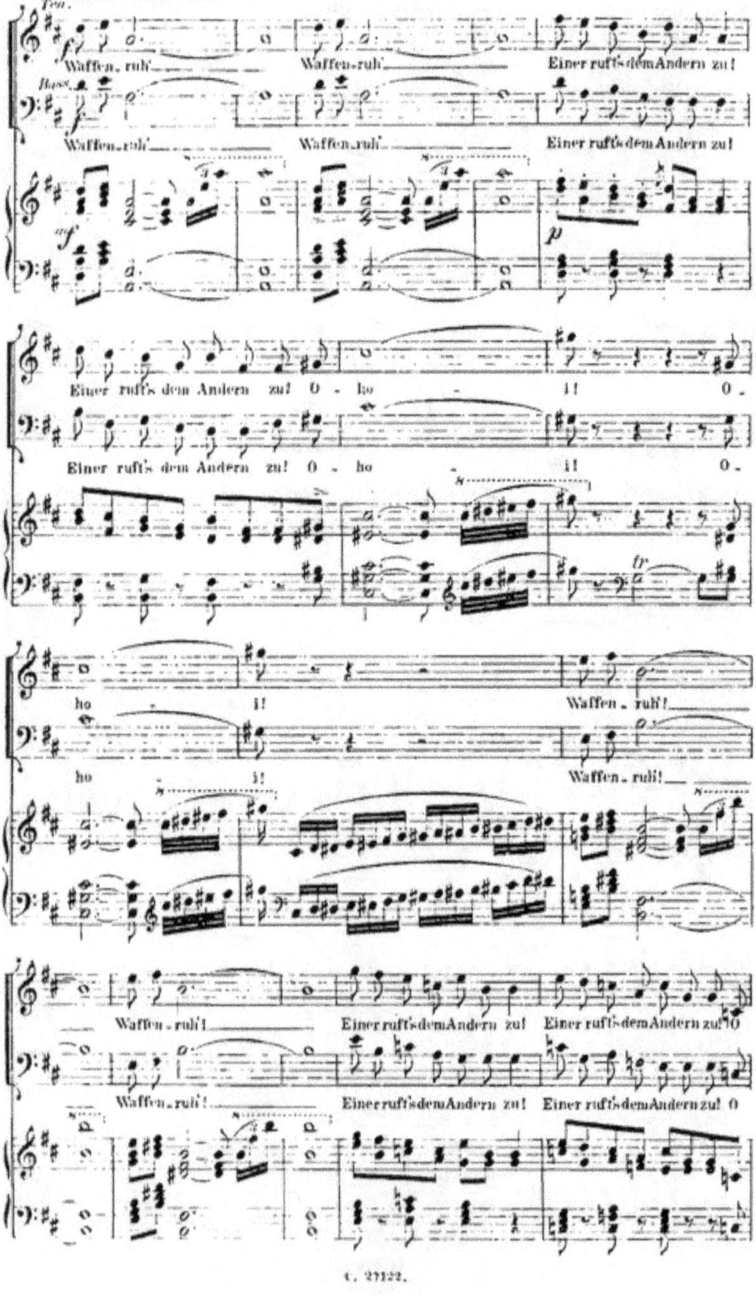

ho il O ho

ho il O ho

f

Lang gewöhnt an Pul-verdampf

Lang gewöhnt an Pul-verdampf

scheu'n wir nicht den Tod! Ste-hen fest bei

scheu'n wir nicht den Tod! Ste-hen fest bei

Sturm und Kampf wenn uns die Pflicht ge-bot!

Sturm und Kampf wenn uns die Pflicht ge-bot!

Frohen Muth's bei dem Tosen der Wel-len schaun wir zu, wie sie macht-los zerschellen am

Frohen Muth's bei dem Tosen der Wel-len schaun wir zu, wie sie macht-los zerschellen am

Klip-penrand, am Fel-sen-riff, am Bug von un-sern stol-zen Schiff!

Klip-penrand, am Fel-sen-riff, am Bug von un-sern stol-zen Schiff!

Mag der Wind vol-ler Wuth uns umwe-hen, dienst-bereit muss die Se-gel er bläh-en, er

Mag der Wind vol-ler Wuth uns umwe-hen, dienst-bereit muss die Se-gel er bläh-en, er

treibt uns fort auf wei-ter Bahn! Uns un-ter-than ist der Or-kan!

treibt uns fort auf wei-ter Bahn! Uns un-ter-than ist der Or-kan!

Wo es im-mer sei Ge-fah-ren uns um-schweben doch wenn sie vor-
Wo es immer sei Ge-fah-ren uns um-schweben doch wenn

bei so gibt's ein lu-stig Le-ben da-rum Heut wo kei-ne
sie vor-bei so gibt's ein lu-stig Le-ben da-rum Heut wo kei-ne

Bom-be uns schre-cket, kei-ne Fein-des-ku-gel uns ne-cket, lasset er-klin-gen
Bom-be uns schre-cket, kei-ne Fein-des-ku-gel uns ne-cket, lasset er-klin-gen

fröh-lichen Sang sicherlich währt die Ru-he nicht lang. Heut, wo rei-ne Luft uns er-quicket
fröh-lichen Sang sicherlich währt die Ru-he nicht lang. Heut, wo rei-ne Luft uns er-quicket

ff Più mosso

9

wo kein Pul-ver-dampf uns er-sti-cket lasset er-klin-gen fröh-lichen Sang,

wo kein Pul-ver-dampf uns er-sti-cket lasset er-klin-gen fröh-lichen Sang,

fröhlichen Sang, fröhlichen Sang. Sicherlich währt die Ruhe nicht lang____ ach sie währt nicht

fröhlichen Sang, fröhlichen Sang. Sicherlich währt die Ruhe nicht lang____ ach sie währt nicht

lang ho-i-ho, jo-ho, ho-i-ho, jo-ho Waf-fen ruh!

lang ho-i-ho, jo-ho, ho-i-ho, jo-ho Waf-fen ruh!____

Ho-i-ho jo-ho, ho-i-ho jo-ho Waf-fen ru-he!

Ho-i-ho jo-ho, ho-i-ho jo-ho Waf-fen ru-he!

Allegro.
BOTTSMANN.
Ei, wo ste_cken heut' uns'_re Jun_gen?
B
Eilt, frisch vom Fleck, schnell jetzt al_le Mann auf Deck!
(pfeift auf einer kleinen Schiffspfeife)
Marschtempo.
SCHIFFSJUNGEN.
Soprani.
Bei Stür_men und Wet_tern ho_he Ma_sten er_
klet_tern, ha, das ist uns'_re Freud' da sind wir gleich be_reit. am

schwan-ken-den Sei-te geht's hi-nauf dann in Ei-le hat man Kraft, jun-ges

Blut, en-det Al-les gut!_____ Gewagt wird jeder Sprung___ wenn's noch so

hoch sei,_____ e-la-stisch und mit Schwung___ geht's:Eins,zwei,drei, Hei!__

Wer blie-be fei-ge wohl da-bei zu-rück___ gilt es her-

vor zu thun sich mit Ge-schick.___ Kaum tönt Be-fehl, ge-schwind

ist's auch ge-scheh'n; ha____ wir ha-ben das vom Wind____ uns ab-ge-
seh'n. Ja!____ Er gibt das Bei-spiel uns zur Steif drum flie-gen
schnell
wir wie Wind so schnell, so schnell. Wir sind wie er, so frisch so
frei,____ bei Al-lem gern da-bei! Juch-hei juch-
hei, juch-hei, juch-hei!____
ff
ff
f

14

Moderato.

PUNTO.

Mir scheint ich hab' ver-schla-fen heut'

die Son _ ne steht schon

hoch! _____ Zum Dienst wär'schon die höch - ste Zeit, doch

still bleibt Al _ les noch! Wie kommt's dass heut' mich nichts ge -

weckt Ka_no_nen don _ ner nicht ge_schreckt?ist Eu_er Pul_ver schon ver-

Poco più mosso.
P
schos - sen?
Was hilft mir Waffen.
CHOR.
Sopran.
Waf-fen - ruh' ist ab-ge-schlos - sen!
Tenor.
Waf-fen - ruh' ist ab-ge-schlos - sen!
Bass.
Waf-fen - ruh' ist ab-ge-schlos - sen!
mf
f
p
ruh'
was Al - le Ruh' hat man kein schö - neres Ge-schlecht da -
f
p
zu!
Die Wei - ber, die Wei - ber, die Wei - ber feh - len
doch!
Ach! 1. Zwar die Frauen -
Allegretto.
p
p

zim_mer koll ver wünscht ich im_mer: Thrä_nen und Ge_wim_mer falscher Kat_zen
wan_gen, mor_gen al_te Zan_gen! Wer in's Netz ge_gan_gen bleibt dann kriegt ge-

glim_mer! Lau_ter Zie_re_rei_en, e_wig Klatsche_rei_en! Schö_ne Pa_pa-
fan_gen. Da nutzt nicht Cou_ra_ge fortgehts zur Ma_ria_ge. Sagt man „Nein"gibt's

gei_en die ab_scheu_lich schrei'n! Nichts als ko_ket_ti_ren auf das Eis uns
Ra_ge, sagt man „ja" Bla_mag'! Zun_gen_fer_tig strei_ten und mit Al_bern-

füh_ren und da_bei noch in_tri_gü_ren zum Ver_stand ver-
hei_ten oft_mals gra_de den Ge_schei_dten in die Tin_te

lie_ten. Klap_pern wie die Müh_len mit Ge_füh_len spie_len. Auf den Ei_nen
rei_ten. Heu_te lie_bend küs_sen mor_gen nichts mehr wis_sen. Heut:Mein Le_cker

zie - hen und doch auf den An - dern schie - len. Ü - ber Al - les
bis - sen mor - gen so ganz vor - nehm grüs - sen. Heut zum Thor ge -

kla - gen nach Ver - bot' - nen fra - gen nie die Wahr - heit
la - den, morgen „fort mit Scha - den? Heu - te mich be -

sa - gen, nach Ver - gnü - gen ja - gen, Ru - he hat man
gna - den Mor - gen den Kam' - ra - den. Da - bei geht uns

nim - mer, täg - lich wird es schlim - mer, stünd - lich wird man
im - mer auch der letz - te Schim - mer von Ver - stand In

dümmer, o, die Frau - en - zim - mer!)
Träumer, o, die Frau - en - zim - mer!)   Und doch _   und doch

Gemässigtes Walzertempo.
P
Was — sind wohl all' die Män - gel? Ihr — bleibet doch die En - gel das —
— sag' ich ehr - lich: Ihr bleibet für uns unent - behr - lich! Soll's — Einer
rall.
a tempo.
nur pro - bi - ren oh - ne Euch e - xis - sti - ren; Ganz — ohne Weib —
— wird man elend an Seele und Leib! Leben ganz — ohne Weib — da gibt's
CHOR.
Leben ganz — ohne Weib — da gibt's
Leben ganz oh - ne Weib da gibt's
Le - ben oh - ne Weib da gibt's
f

P
1.
gar kei - nen Zeit - ver - treib!
gar kei - nen Zeit - ver - treib!
gar kei - nen Zeit - ver - treib!
gar kei - nen Zeit - ver - treib!
2. Heu - te Ro - sen.
2.
treib!
treib!
treib!
treib!

No. 1½.

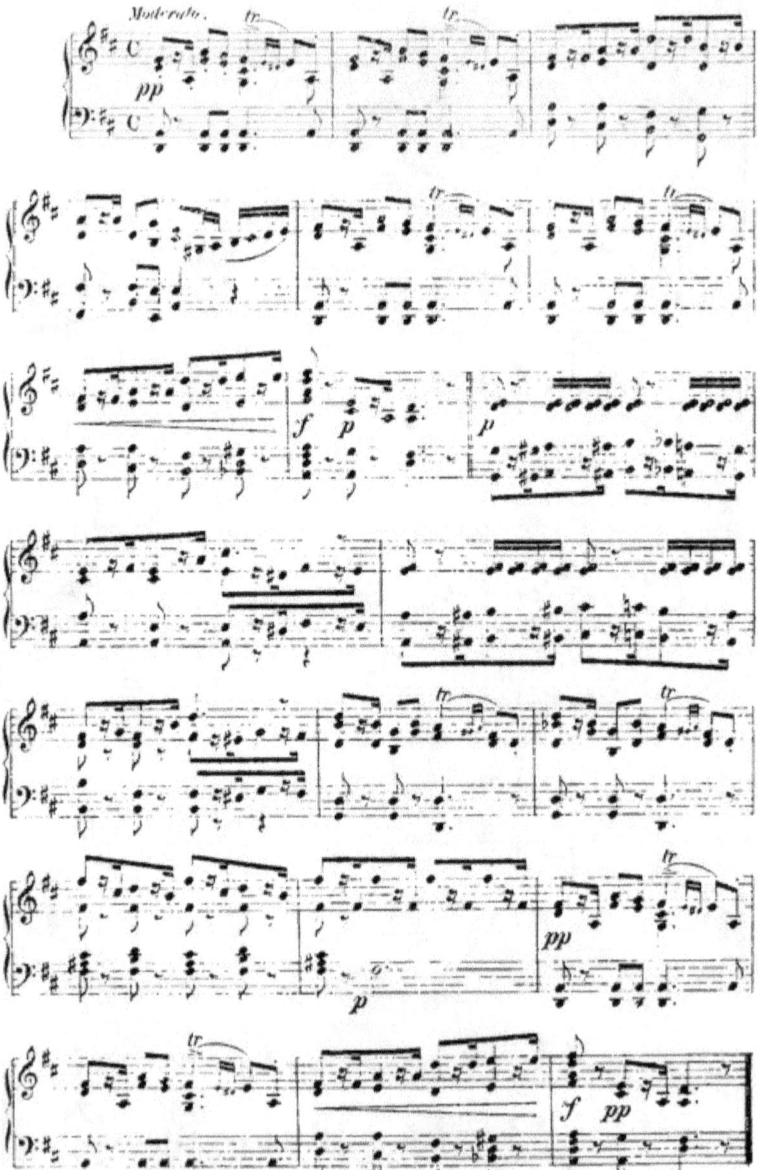

Nº 2. Brief-Couplet.

Allegro moderato.

HENRI.

PIANO.

Da längst Sie an-ge-mel-det schon   bei mir als Schwieger-sohn
Die Mäd-chen ha-ben Fan-ta-sie   und Sinn für Po-e-sie

so fin-den Sie zu je-der Zeit   uns zum Em-pfang be-reit.
sie spie-len Lau-te mit Bra-vour,   und sin-gen moll wie dur!

Zwei Töch-ter hab ich das ist wahr,   und Bei-de hei-rath-bar!
Ge-bil-det phi-lo-so-phisch tief,   und doch da-bei na-iv!

Be-su-chen Sie uns bald ein-mal, Sie ha-ben frei-e Wahl!
Sie kön-nen tan-zen wun-der-bar und schwimmen auch so-gar!

Dann nehmen Sie ganz un.genirt die wel.che con.ve.nirt!
Sie rei.ten wie ein Ca.Valier und fech.ten nebstbei Stier!

callent.

Die Ei.ne ist brü.net.ter Art die And're blond und zart! Ja
Und Ab.nenzähl'n sie si.cherlich noch ei.nen mehr als ich! Ja

a tempo

Zwei En.gel sind es hold und süss, ich sa.ge nichts als
Ich würd' noch ger.ne sa.gen mehr, wenn ich nicht Va.ter

dies, ich sa.ge nichts als dies! Ein Mor.gen.thau auf
wär', wenn ich nicht Va.ter wär'! So mach' ich denn für

fri.sches Gras, ich sa.ge nichts als das, ich sa.ge nichts als
heut' den Schluss mit achtungsvollsten Gruss, mit achtungsvollsten

1.
2.
das!
Gruss.
Ver_
Allegro.
mf
pp
f
p
lockend er_scheint aller_dings mir die Sache und werth dass ich bald auf den Weg mich schon mache! Wer
weiss, ob so günst'ge Ge_le_gen_heit zu häus_lichem Glü_cke sich wie_der beut. Ich
nehm', was ich finde, die Blon_de, die Braune ich hab' kei_ne Gründe mich treibt bloss die Laune. Dem
Zufall nicht wehr' ich, ver_traue dem Glück und morgen
als Eh'_ mann als Eh'_ mann zu

rück! Doch was se - he ich noch Et - was steht hier, ein Post -

Tempo I.

crip - tum hö - ren wir: Sie fin - den mehr, als ich ver - hiess

ich sa - ge nichts als Dies, ich sa - ge nichts als Dies! Zwei Mädchen sind's von

Allegro vivo.

eig - ner Race ich sa - ge nichts als das, ich sa - ge nichts als das!

N.º 2½.

HENRI. *Allegro vivo.*

Ver_lockend er_scheint aller dinge mir die

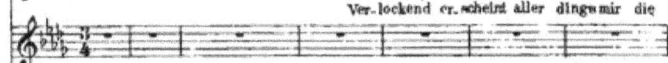

PUNTO.

PIANO.

H. Sache, undwerthdassich bald aufdenWegmichschonmache! Wer weiss,ob so günstge Ge_le_gen_

H. heit_ zu häus_lichem Glü_cke sich wie_der beut! Ichnehm'wasich finde die Blon_de die

P. Ich lie_be die Weiber, ob Blon_de, ob

H. Braune, ich hab'kei_ne Grün_de,michtreibtblos die Laune. Dem Zufall nicht wehr'ichver_traue dem

P. Braune,selbst Rothe ver_derben mir nicht mei_ne Laune. Ich hat_te bei Al_len noch immer viel

26

No 3. Auftrittslied.

GILDA.
PIANO.
Hoch vom Thurmgemach stieg früh herab ich schon, wie still ist der
Aschen-brö-del gleich im Mär-chen steh'ich da! Ach wär' doch die
Mor-gen, noch regt sich kein Ton! Den schö-nen, jun-gen Tag, der
Stund' der Er-lö-sung mir nah! Wie ger-ne möcht ich frei gleich
ro-sig mir er-blüht, ich grüss' ihn mit Thrä-nen mit sehn-sücht'-gem
je-ner Mö-ve sein, die sorg-los da-hinschwebt im Ae-ther so
Lied: Ein-sam klag' ich hier mein Leid, das Glück hat mich ge-
rein. Schmach und Spott nur dul-de ich, wen kümmern mei-ne
mie-den, Al-len, ach, ist Freud' beschie-den mir nur Trau-rig
Thrä-nen? Nie-mand, ach, ver-steht mein Seh-nen, Niemand lie-bet

Allegro non troppo.
rall.
a tempo.
keit! Möch-te auch beim Tanz gern mich zei-gen
mich! Doch von fer-nen Meer, durch die Wo-gen,
p
mit den Bur-schen dreh'n dort im Rei-gen wo sie
kommt ein Rit-ter her einst ge-zo-gen der wird
All' ver-eint fro-her Lie-der-sang wo her-ü-ber schallt
mich be-frei'n wird sein Herz mir weih'n, wird auf e-wig mein
rall.
a tempo.
Ca-stag-net-ten-klang dort wo leicht be-schwingt Paa-re
dann als Gat-te sein! Al-so hat's ein Traum mir ver-
rall.
a tempo.
schwe-ben da ist Hei-ter-keit, da ist Le-ben! Ja ich
kün-det, und sein Bild nie-mals mir ent-schwindet. Was der

sah's von fern — wär' da - bei, — ach, so gern — gar so

Traum ver - sprach bald ist's wahr, — mein wird er — am Al -

gern. — Möcht' ge - nies - sen früh — mei - ne Ju - gend - zeit, — dann er -

tar! — Und mit ihm ich muss — thei - len Glück und Noth, — von dem

füll - et mein Herz See - lig - keit! —

er - sten Kuss bis in den Tod! —

Nº 4. Terzett.

Allegro vivo.

SERAFINE.

SYBILLINE.

MIRABOLANTE.

PIANO.

SERAFINE.

Mich nimmt er, mich ganz sicher_lich!

SYBILLINE.

Da irrst Du Dich, mich nimmt er mich!

MIRABOLANTE.

Still sa_ge ich, und hört erst mich, das Strei_ten ist nicht a_de_lig!

SERAFINE.
Das ist nicht wahr wa_rum nicht gar?
SYBILLINE.
Ich weiss bestimmt dass er mich nimmt!
MIRABOLANTE.
Nicht so ergrimmt's ist Nichts bestimmt, als dass er Ei_ne von Euch nimmt!
SERAFINE.
Ich werd' gewählt ganz si_cherlich!
SYBILLINE.
Das ist ge_fehlt! Mich nimmt er, mich!
SERAFINE.
Schwester da irrst du dich! Denn nur mich nimmt er,
Sy.
Si_cherlich nimmt er mich!
Se.
mich! Mich! Mich! Mich!
Sy.
Nein, nein mich nimmt er, mich! Mich! Mich! Mich!

S.
Mich! Ah! Dass er mich nimmt das ist bestimmt.
Sy.
Mich! Ah! Dass er mich nimmt das ist bestimmt,
M.
Wenn er nur Ei - ne nimmt, wer es sei!
f
f
Se.
dass er mich nimmt ist ganz be-stimmt. Höchst lä-cher-lich nur
Sy.
dass er mich nimmt ist ganz be-stimmt, Höchst lä-cher-lich nur
M.
Wenn er nur Ei - ne nimmt, ei-ner-lei! Hört doch auf mich! Den
Se.
fin-de ich Dich, höchst lä - cher - lich!
Sy.
fin-de ich Dich, höchst lä - che - lich!
M.
Streit fin-de ich höchst lä - cher - lich!

Allegretto.
M.
Töch-ter lasst ein Wort Euch sa-gen! Wer wird sich denn so be-
neh-men! Wenn sich Kinder schlecht be-tra-gen,
muss sich ja der Va-ter schä-men! Nehmt ein Beispiel Euch an
mir, seht kei-ne Mie-ne zucket hier! Ich spring' und
jub-le in-ner-lich und blei-be Mar-mor äus-ser-

Meno mosso.
M
lich. Denn ein Hi - dal - go nie ver - gisst was er sich sel - ber schul - dig
f
Allegretto.
ist; und zeigt sich nur so weit be - wegt als mit dem Anstand sich's ver - trägt! Ja!
poco rit.
a tempo.
Drum Hal - tung! Hal - tung! Hal - tung und Gran - dez - za
f
Te - ne - rez - za De - li - ca - tez - za!
p
Hal - tung! Hal - tung! Hal - tung und Gran - dez - za
Hal - tung! Hal - tung! Hal - tung und Gran - dez - za
Hal - tung! Hal - tung! Hal - tung und Gran - dez - za

Allegretto.
Se.
— Te_ne_rez_za De_li_ca_tez - za! —
Sy.
— Te_ne_rez_za De_li_ca_tez - za! —
M.
— Te_ne_rez_za De_li_ca_tez - za! —
p
pp
SERAFINE.
Ich schwärme für die See — ich lieb' die salz'ge Fluth; — mir
S.
ist in ihrer Näh' — so wohl so stolz zu Muth, — ich wei_le gern am Strand bei
Se.
A_bendsonne_schein, wohl, wa_tet man im Sand das soll ge_sund — ja sein. Der

stol zenschiffe Bord die kräftgen Männer dort und Al les riecht nach Theer! Er

Allegro moderato.

quicken des O deur! Ja, ja pa role d'hon neur ein Vi ce ad mi

ral der wär! auf Ehr' mein höch stes Ide al nun ein mal

meine Wahl ein Vi ce ad mi ral der wär' mein höchstes Ide al!

SYBILL.

Ich

Tempo I.
Sy.
schwärme für das Meer und das, was es ent - hält, den Hummer lieb' ich
Sy.
sehr, die Au - ster mir ge - fällt. Beim Wel - lenschaukel - spiel werd'
Sy.
ich gerührt so - gleich, ein selt sam Vor - ge - fühl ergreift mich; mir wird
Sy.
weich! Selbst Thran und Rauchta - bak, was sonst nicht mein Ge - schmack, ge -
pp
Allegro moderato.
Sc.
Ja ja pa - role d'hon.
Sy.
nirt mich daß nicht mehr, so lie - be ich das Meer! Ja ja pa - role d'hon.

neur, ein Vi- ce- ad- mi- ral, der wär' auf Ehr' mein höch- stes

neur, ein Vi- ce- ad- mi- ral, der wär' auf Ehr' mein höch- stes

I- de- al nun ein- mal mei-ne Wahl. Ein Vi- ce- ad- mi-

I- de- al nun ein- mal mei-ne Wahl. Ein Vi- ce- ad- mi-

Allegretto.

ral der wär' mein höchstes I- de- al! MIRABOL.

ral der wär' mein höch- stes I- de- al! Ge-

MIRABOL.

nug, ge- nug jetzt hört mich und seid klug! Dass der

(zu Serafine.)

Her- zog an- ge- bis- sen, bleibt die Hauptsach' doch zu- letzt; wer ihn

(zu Sybil.)

M. wird zu fesseln wis - sen, wer ihn wird zu fesseln wis - sen,

M. das ist Eu - re Sa - che jetzt; d'rum

Tempo I.

Sc. Hal - tung Hal - tung Hal - tung und Gran - dez - za

Sy. Hal - tung Hal - tung Hal - tung und Gran - dez - za

M. Hal - tung Hal - tung Hal - tung und Gran - dez - za

sf

Sc. Te - ne - rez - za De - li - ca - tez - za! Hal - tung

Sy. Te - ne - rez - za De - li - ca - tez - za! Hal - tung

M. Te - ne - rez - za De - li - ca - tez - za! Hal - tung

p   *sf*

Hal _ tung   Hal _ tung und Gran _ dez _ za _____ Te _ ne _ rez _ za De _ li _ ca

Hal _ tung   Hal _ tung und Gran _ dez _ za _____ Te _ ne _ rez _ za De _ li _ ca

Hal _ tung   Hal _ tung und Gran _ dez _ za _____ Te _ ne _ rez _ za De _ li _ ca

Più mosso.

tez _ za!

tez _ za!

tez _ za!

Nº 4½.

Moderato.

No 5. Terzettino.

SERAFINE.

SYBILLINE.

PUNTO.

PIANO.

Allegro moderato.

Geh'n wir

Geh'n wir

Geh'n wir

Se. in den Gar - ten ath-men Blüthen - duft! A - mor mischt die

Sy. in den Gar - ten ath-men Blüthen - duft! A - mor mischt die

P. in den Gar - ten ath-men Blüthen - duft! A - mor mischt die

Se. Kar - ten - Lie - be - dort uns ruft! Nur bei nie-dern Clas - sen

Sy. Kar - ten - Lie - be - dort uns ruft! Nur bei nie-dern Clas - sen

P. Kar - ten - Lie - be - dort uns ruft! Nur bei nie-dern Clas - sen

Se. machen Zweiein Paar,____ der Nob_les_se pas_sen Drei und

Sy. machen Zweiein Paar,____ der Nob_les_se pas_sen auch Drei und

P. ma_chen Zweiein Paar,____ der Nob_les_se pas_sen Drei und

Se. mehr so_gar!____ Darumweil's sich so ziemt____

Sy. mehr so_gar!____ Da_rumweil's sich so ziemt

P. mehr so_gar!____ Da_rum weil's sich so ziemt

Se. ko_sen wir zu Drei'n,____ lie_ben nur ver_blü_met und

Sy. ko_sen wir zuDrei'n, lie_ben nur ver_blü_met und

P. ko_sen wir zuDrei'n, lie_ben nur ver_blü_met und

Se.
mei-den bö-sen Schein! Ja! Geh'n wir in den Gar - ten ath-men Blüthen-
Sy.
mei-den bö-sen Schein! Ja! Geh'n wir in den Gar - ten ath-men Blüthen-
P.
mei-den bö-sen Schein! Ja! Geh'n wir in den Gar - ten ath-men Blüthen-
Se.
duft A-mor mischt die Kar - ten Lie-be — dort uns ruft!
Sy.
duft A-mor mischt die Kar - ten Lie-be — dort uns ruft!
(bei Seite)
(für sich)
P.
duft! Schwär-me-rei! A-mor mischt die Kar - ten Lie-be — dort uns ruft! Alle Drei?
Se.
Geh'n wir in den Gar - ten pro-me - ni-ren dort, wenn zu lang wir
Sy.
Geh'n wir in den Gar - ten pro-me - ni-ren dort, wenn zu lang wir
P.
Geh'n wir in den Gar - ten pro-me - ni-ren dort, lin da-bei wenn zu lang wir

war - ten muss er wie - der fort!
war - ten so muss er wie - der fort! Dort plau - dert die Quel - le -
(f. s.)
war - ten muss ich wie - der fort! Foppe - rei! Dort
Dort flüstern die Zweige -
Dort träumen die Blumen -
plaudern auch wir! Dort flüstern auch wir! Dann
Dort summen die Käfer -
Im küh - lenden
träumen wir auch! Das kön - nen wir auch!

Se.
Sy.
P.
Auf grü - nenden Mat - ten.
Schatten.
Da wer - den wir kühl:
Da grünt das Ge -
Li - bel - le dort gaukelt.
Der Schmetterling schaukelt.
kühl!
Da schaukle auch ich!
Dort
pp
p
Geh'n wir in den Gar -
Geh'n wir in den Gar
gauk - le auch ich!
Geh'n wir in den Gar

ten ath - men _ Blüthen _ duft! A - mor mischt die
ten ath - men _ Blüthen _ duft! A - mor mischt die
(f. s.)
ten ath - men _ Blüthen _ duft! Schwärme - rei! A - mor mischt die
Kar - ten _ Lie - be _ dort uns ruft! Geh'n wir
Kar - ten _ Lie - be _ dort uns ruft! Geh'n wir
(f. s.)
Kar - ten _ Lie - be _ dort uns ruft! Al - le Drei! Geh'n wir
pp
in den Gar - ten pro - me - ni - ren dort,
in den Gar - ten pro - me - ni - ren dort,
(f. s.)
in den Gar - ten pro - me - ni - ren dort, bin da - bei!

wenn zu lang' wir war - ten muss er wie - der fort!
wenn zu lang' wir war - ten so muss er wie - der fort!
wenn zu lang' wir war - ten muss ich wie - der fort! In bal-
pp
rall.
Bei Blü - then duft die Lie - be
Bei Blü - then duft die Lie - be
sa - mischer Luft Bei Blü - then duft wo die Lie - be uns ruft die Lie - be
pp
rall.
ruft!
ruft!
ruft!
mf
ff
f

№ 6. Duett.

Allegro non troppo.

GILDA.

HENRI.

Ein schlichter Seemann bin ich, geh'

PIANO.

mf   *f*   *p*

H.

g'ra _ de aus auf's Ziel; und spre_che frei und schmucklos, wie ich's im Inner'n fühl'!_ Vor

H.

Dir steh' ich be_fangen ge_blendet ist mein Sinn,_ in die_sem Zauber_gar_ten bist

GILDA.

H.

Du Gebie_the_rin! Ich bin ein ar_mes Mädchen bin hier gedul_det bloss, und

C. 27122.

G.
die Ge_biethe_ rin_nen Ihr trefft sie dort im Schloss! Den hohen Gast zu ehren sind
G.
sie dort_hin geeilt. o, lasst mich ihnen fol_gen zu lang' hab' ich ver_
HENRI.
G.
weilt! Nein bleibe noch! Hab ich nur Dich!
Was kümmern all' die Andern
pp
mf
pp
H
mich?
GILDA.
Ist's Eu_er Ernst?
HENRI.
Ich schwör' es Dir!
mf
GILDA (f.s.)
Wie fühl' ich plötzlich klo_pfen hier!
HENRI.
Ge_stehen lass mich's of_fen ich seg_ne die_se

H. Stund'; tief fühl' ich mich ge-trof-fen bis in des Her-zens-

grund! Ge-trof-fen tief von Amors Pfeil! _____ GILDA (halb verlegen.) Nun a-ber muss ich fort in

HENRI. GILDA (schnell) Eil'!- Du zürnest mir? O nein! O nein! Doch dürft Du

nicht so stür-misch sein! _____ HENRI (mit Humor) Ein schlichter Seemann bin ich, geh'

g'ra-de aus auf's Ziel! Und sa-ge freiund schmucklos, was ich im Innern fühl'!-

Hast Du verzieh'n mein all zukühnes Wort? Gieb'mir zum Zeichen jene Rose dort!

GILDA. HENRI.

Hier ist die Rose! Kennst Du auch dazu das Lied auch halten Brauch?

Andantino.

Wohl gleicht die Lieb' gar oft dem Schmetterling dem Schelm, der gern

mit Rosen kosen ging; er nascht und nippt vom süssem Dufte dort

und fliegt dann bald zu andern Blumen fort! Die Treu' jedoch

Moderato. acceler.
Ja, nur weñ Lieb' mit
die hat kein Flügelpaar, mit ihr wird Lieb' — unwandelbar! Ja, nur weñ Lieb' mit
mf
meno mosso.
pp
Treue gesellt, die Ro_se vol_len Duft behält; selbst Frost und Sturm hat
Treue gesellt, die Ro_se vol_len Duft behält; selbst Frost und Sturm hat
rall.
kei_ne Macht sie blühet fort in reiner hellen Pracht!
kei_ne Macht sie blühet fort in reiner hellen Pracht! Wie hold sich malt dein
p
GILDA.
An_gesicht sanft überstrahlt es dieser Ro_se Licht! Wie hold er spricht!

Allegro.
HENRI.
G
Doch darf ich länger zögern nicht!
Ver trieß' ich Dich? Willst
fp
mei_ne Näh' Du flie_hen? Be_trüb' ich Dich_ Nein, nein, Du darfst nicht zie_hen! Ich
lie_be Dich, ich lie_be Dich! Und eilst Du, zu ver_las_sen mich,
so möcht' ich selber has_sen mich!
GILDA (überwältigt, ihn umhalsend.)
Ich has_se Dich, ich
Moderato.
HENRI.
has_se Dich! So has_se mich und las_se Dich von mir nur lie_ben in_nig
p
p

Tempo I.
G.
H.
Wohlgleicht die Lieb'
lieb,was Lieb'und Treu lehrt ich Dich!
Wohlgleicht die
f
pp
gar oft dem Schmetterling dem Schelm der gern mit Ro_sen kosen ging.
Lieb' gar oft dem Schmetter_ling dem Schelm der gern mit Ro_sen ko_sen
Er nascht er nippt vom süs_sem Duf_te dort und fliegt dann bald
ging. Er nascht er nippt vom süs_sen Duf_te dort und fliegt dann
zu an_dern Blumen fort! Die Treu' je doch die hat kein Flü_gel_paar
bald zu andern Blumen fort! Die Treu' je_doch die hat kein Flü_gel_paar

Moderato. acceler.
mit ihr wird Lieb' un wandel bar! Ja, nur wenn Lieb' mit
mit ihr wird Lieb' un wandel bar! Ja, nur wenn Lieb' mit
meno mosso.
Treue gesellt die Ro se vol len Duft behält; selbst
Treue gesellt die Ro se vol len Duft behält; selbst
acceler.
Frost und Sturm hat kei ne Macht sie blü het fort in reiner hel ler
Frost und Sturm hat kei ne Macht sie blü het fort in reiner hel ler
Pracht!
Pracht!

No 7. Finale.

Zur Ver_lo _ bung sind wir bestellt

Zur Ver_lo _ bung sind wir bestellt

Zur Ver_lo _ bung sind wir bestellt

im_provisirt wird ein Fa _ mi_lienfest! Denn der Bräu _ ti_gam ist ein Held

im_provisirt wird ein Fa _ mi_lienfest! Denn der Bräu _ ti_gam ist ein Held

im_provisirt wird ein Fa _ mi_lienfest! Denn der Bräu _ ti_gam ist ein Held

dem der Dienst wohl wenig Mu_se lässt Solch'ein Fest, das a_müsirt
dem der Dienst wohl wenig Mu_se lässt Solch'ein Fest, das a_müsirt
dem der Dienst wohl wenig Mu_se lässt Solch'ein Fest, das a_müsirt
Al_les eilt und gra_tulirt. Ist es wahr? Ist's geschehn? Lasst das Paar schnell uns sehn
Al_les eilt und gra_tulirt. Ist es wahr? Ist's geschehn? Lasst das Paar schnell uns sehn
Al_les eilt und gra_tulirt. Ist es wahr? Ist's geschehn? Lasst das Paar schnell uns sehn
Ei_lig ka_men Herrn und Da_men denn der Bräut'_gam sei ein Held
Ei_lig ka_men Herrn und Da_men denn der Bräut'_gam sei ein Held
Ei_lig ka_men Herrn und Da_men denn der Bräut'_gam sei ein Held
f
mf

ein Mann von Welt, der all ge mein ge fällt! Sagt doch schnell, ob das wahr,

ein Mann von Welt, der all ge mein ge fällt! Sagt doch schnell, ob das wahr,

ein Mann von Welt, der all ge mein ge fällt! Sagt doch schnell, ob das wahr,

klärt uns auf ganz und gar! Sagt doch an: Wie wo wann wer, sagt wo her?

klärt uns auf ganz und gar! Sagt doch an: Wie wo wann wer, sagt wo her?

klärt uns auf ganz und gar! Sagt doch an: Wie wo wann wer, sagt wo her?

MIRABOLANTE.

Ja Ihr Freun de, es ist wahr,

es ist wahr; dem jungen Paar thut die gröss te Ei le Noth! Bis zum

C. 27122.

M
zweiten Morgenroth währt die Waffen _ ru _ he blos und dann geht's von Neu _ em
los!
Ein Herzog ist's und
Ei, sagt uns doch, wer ist denn der Gemahl?
Ei, sagt uns doch, wer ist denn der Gemahl?
Ei, sagt uns doch, wer ist denn der Gemahl?
p
Vi_ce_ admi_ ral! Und unter uns, noch nebenbei ein O _ ri_ gi_
p
nal! Ihr werdet staunen er hat gar sonder_bare Lau_ nen_ lässt
Wie so? Wa_rum?
Wieso? Warum?
Wieso? Warum?

60

seinen Die-ner sei-ne Rol-le spie-len, hat selbst sich als Ma-tro-se

präsen-tiert! Ich merk-te gleich wo-hin dies sollte zielen, ich werd so leicht nicht hinter's

Allegro moderato.

Licht geführt. Doch ist es so der Wil-le des Herrn Vi-ce-ad-mi-ral, so

lasset ihm die Gril-le es ist so Seemannsart ein-mal!

Ja, weiß durchaus der Wil-le des Herrn

Ja, weiß durchaus der Wil-le des Herrn

Ja, weiß durchaus der Wil-le des Herrn

C. 27122.

Vi - ce - ad - mi - ral so las - set ihm die Gril - le denkt

Vi - ce - ad - mi - ral so las - set ihm die Gril - le denkt

Vi - ce - ad - mi - ral so las - set ihm die Gril - le denkt

es ist Seemanns Art ein - mal! Da kommen sie, da kommen sie!

es ist Seemanns Art ein - mal! Da kommen sie, da kommen sie!

es ist Seemanns Art ein - mal! Da kom - men sie!

Moderato. MIRAB.

Herr Vi - ce - admi - ral! Sie sehn uns vor Be - gier - de bren - nen,

wen wol - len Sie nun Gat - tin - nen - nen? Was ra - ten Sie für Wahl?

PUNTO.

Sie fragen, wen ich nehme nun, Ich möchte Keiner wehe thun! Wissen

Sie, die Sera - fi - ne muss durch ihren Geist be - rücken, dahin - ge - gen Sybil -
li - ne durch Ver - stand und Witz be - glü - cken!
SERAFINE.
Er ist geist - voll zu Ent -
SYBILLINE.
Er ist geist - voll zu Ent -
MIRAB.
zü - cken! Doch drängt die Zeit Herr Vi - ce - ad - mi - ral d'rum treffen Sie ge - fälligst Ih - re
zü - cken!
Wahl!
Ja treffen Sie ge - fälligst Ih - re Wahl!
Ja treffen Sie ge - fälligst Ih - re Wahl!
Ja treffen Sie ge - fälligst Ih - re Wahl!

Andantino.
PUNTO.
In Zwei - feln hin und her ich wand' - re möcht'
dass ich mich entschliess' und mei - ne, ich
p
bald die Ei - ne, bald die And' - re! Möcht' bald die And' - re, bald die
grei - fe zu und nehm' die Ei - ne trifft mich ein süs - ser Blick der
rall.
a tempo.
Ei - ne am lieb - sten a - ber möcht' ich Kei - ne! Schwer ist es, dass ich mich ent -
An - dern lässt mich hin ü - ber wie - der wan - dern! Ob ich bei die - ser mich be -
schei - de dann wohl ge - stal - tet sind sie Bei - de! Und
den - ke zu Je - ner dann die Bli - cke len - ke! Hold
rall.
Bei - de lie - ben mich und schmachten doch ich bin auch nicht zu ver ach - ten! Und
lächelnd winkt mir Se - ra - fi - ne hold lächelnd winkt mir Sy - bil - li - ne! Die

64

weil ich gar so stark begehrt so fühl' ich doppelt mei_nen Werth!
Si_tu_a_ti_on ist schau_derhaft und doch zugleichrechtschmeichelhaft! Ah!_

_ Sybil_li_ne, Sera_fi_ne, jede ist ein lieber Schatz, doch im Herzensmaga_

zi_ne ist ja nurfür ei_ne Platz! Sybil_li_ne, Sera_fi_ne jede ist ein lieber
ach, ist

rall. *piu mosso.*

Schatz dochim Herzensmaga_ zi_ne ist ja nurfür ei_ne Platz!
ach, ist

Kaum Platz!

C. 27122.

SERAFINE (beleidigt.)

So kön_nen Sie noch schwanken? Das hätt' ich nie ge_dacht!

SYBILL.

So hin und her zu wan_ken ist länger nicht er_laubt! Eh' ich die Ei_ne mei_de nähm'

PUNTO.

ich _ das wär' doch was _ zum Weib sie al_le Bei_de ver_steht sich, blos zum Spass! Or_gi_

MIRAB.

nell ist das!

O, lassen Sie doch das!

SYBIL.

Nicht

SERAF.

Ist das Ernst_ o_der Spass?

Ist das Ernst_ o_der Spass?

Ist das Ernst_ o_der Spass?

CHOR.

fein ist solch'ein Spass.— Herr Vi.ce.ad.mi.ral! Das ist ja ein Scandal!

Allegro.

MIRAB.

So ent.scheide denn das Loos! Wie? Was? Das Loos? Das wär' kuri.

SERAF.

SYBILL.

PUNTO.

PUNTO.

os! Mei.net.wegen!Mei.net.we.gen!Ich hab'durchaus nichts da.

Ja, es ent.schei.de heut'das Loos!

Ja, es ent.schei.de heut'das Loos!

Ja, es ent.schei.de heut'das Loos!

wegen.Mach'zum Spiele gu.te Mie.ne.Sy bil.li.ne. Sera.fi.ne!

SYBILL.
Meine Da_men! Leih'n Sie einen Handschuh mir!
Hier!
SERAF.
Und hier!
PUNTO.
Ungleich sind ver_theilt die Ga_ben der Na_tur!
(schüttelt den Hut.)
Hier ist sechs, hier fünf dreivier_tel nur!
Sera_
fi_ne, Sybil_li_ne ob nun Man_del, ob Ro_sin', ob Ro_si_ne o_der
Man_del, darum zieh'n Sie im_mer_hin.

SYBIL.
SERAF.
SYBIL.
f
Wem ge_hört der Handschuh hier? Ist der meine
Weh' mir!
Ich
mf
bin Her_zo gin!
S.
Ja, sie hat den Hauptge_winn! Heil der künft'gen Her_zo_
CHOR.
T.
Ja, sie hat den hauptge_winn! Heil der künft'gen Her_zo_
B.
Ja, sie hat den Hauptge_winn! Heil der künft'gen Her_zo_
f
MIRAB.
gin! Heil der künft'gen Herzo_gin! Heil heil der künft'gen Her_zo_gin! Liebes
gin! Heil der künft'gen Herzo_gin! Heil heil der künft'gen Her_zo_gin!
gin! Heil der künft'gen Herzo_gin! Heil heil der künft'gen Her_zo_gin!
p
SYBIL.
Kind er_gieb' Dich d'rein, Ei_ne kann's ja doch nur sein! Schwester! Gra_tu_li_re

SERAF.
Allegretto.
Sy.
mir! Ra_che! Ra_che! Ra_che ihm und ihr!
MIRAB.
(hinter der Scene)
Was ist das?
CHOR der SÄNGER.
Tra la la la la la tra la la la la la la la la la la
Tra la la la la la tra la la la la la la la la
Tra la la la la la tra la la la la la la la la
PUNTO.
Es ist fürwahr ganz colossal
tra la la la la la tra la la la la la la la la
tra la la la la la tra la la la la la la
tra la la la la la tra la la la la la la
P
Jetzt huldigt man uns natio_nal!
MIRAB.
Nur schnell her_

ein!
Allegro.
DON CARAMBOLO.
Ich, der Man-do-li-ne Mei-ster bin bekannt im ganzen
Land, hab' die mu-si-kal'schen Gei-ster aus dem
gan-zen Ort ge-bannt! Zur fest-li-chen Ge-le-gen-
heit die heu-te hier sich beut!
MIRAB.
So singet denn! Diese

DON CARAMBOLO.
Zwei
Das ist uns ei_ner_lei!
Wir ha_ben nur ein Lied das
passt auf al_le Fäl_le, wir sind da mit zur Stel_le! Noch eh' man sich's versieht!
CHOR der SÄNGER.
Wir haben nur ein Lied das
Wir haben nur ein Lied das
Wir haben nur ein Lied das
Bei
passt auf al_le Fäl_le, wir sind da_mit zur Stel_le noch eh' man sich's versicht!
passt auf al_le Fäl_le, wir sind da_mit zur Stel_le noch eh' man sich's versicht!
passt auf al_le Fäl_le, wir sind da_mit zur Stel_le noch eh' man sich's versicht!

Hoch_zeit, bei Ver _ löb_niss, bei Kinds_tauf, bei Be _ gräb_niss, beim
Ab _ schied und beim Wie_dersch'n wo sonst ein Un _ glück
ist gescheh'n Wir ha_ben nur ein Lied das passt auf al_le Fäl_le wir
Wir ha_ben nur ein Lied das passt auf al_le Fäl_le wir
Wir ha_ben nur ein Lied das passt auf al_le Fäl_le wir
Wir ha_ben nur ein Lied das passt auf al_le Fäl_le wir
sind da_mit zur Stel_le eh' man sich's noch _ ver_sicht!
sind da_mit zur Stel_le eh' man sich's noch _ ver_sicht!
sind da_mit zur Stel_le eh' man sich's noch _ ver_sicht!
sind da_mit zur Stel_le eh' man sich's noch _ ver_sicht!

Allegro.

Lasst uns sin - gen, lasst uns sin - gen lasst die Ca -

stag_net_ten klin - gen denn der Spa - nier liebt Scan_dal

und das klin - get sehr na - tio - nal! _ Lasst uns sin - gen, lasst uns sin -

und das klin - get sehr na - tio - nal! _ Lasst uns sin - gen, lasst uns sin -

und das klin - get sehr na - tio - nal! _ Lasst uns sin - gen, lasst uns sin -

und das klin - get sehr na - tio - nal! _ Lasst uns sin - gen, lasst uns sin -

gen lasst die Ca - stag - net - ten klin - gen denn der Spa - nier

gen lasst die Ca - stag - net - ten klin - gen denn der Spa - nier

gen lasst die Ca - stag - net - ten klin - gen denn der Spa - nier

gen lasst die Ca - stag - net - ten klin - gen denn der Spa - nier

liebt Scandal _ und das klingt sehr na - tio - nal!

liebt Scandal _ und das klingt sehr na - tio - nal!

liebt Scandal _ und das klingt sehr na - tio - nal!

liebt Scandal _ und das klingt sehr na - tio - nal!

Bei Al_lem sind wir gleich da_bei,__ d'rauf los wird mu _ si _ cirt!__
Ob's da_zu passt, ist ei_ner_lei__ wenn nur ge_sun_gen
wird__ Lasst uns sin _ gen, lasst uns sin _ gen lasst die Ca_
Lasst uns sin _ gen, lasst uns sin _ gen lasst die Ca_
Lasst uns sin _ gen, lasst uns sin _ gen lasst die Ca_
Lasst uns sin _ gen, lasst uns sin _ gen lasst die Ca_
stag_net_ten klin _ gen! Wer da_bei__ uns leicht sein Ohr__
stag_net_ten klin _ gen! Wer da_bei__ uns leicht sein Ohr__
stag_net_ten klin _ gen! Wer da_bei__ uns leicht sein Ohr__
stag_net_ten klin _ gen! Wer da_bei__ uns leicht sein Ohr__

dem kommt's si - cher spa - nisch vor! La la la la la la
dem kommt's si - cher spa - nisch vor! La la la la la la la
dem kommt's si - cher spa nisch vor! La la la la la la la
dem kommt's si - cher spa - nisch vor! La la la la la la la
la la la la la la la la la la la la la la
la la la la la la la la fro - hen Sang
la la la la la la la la la la la la la la
la la la la la la la la la la la la la la
la la la la la la la hört die Klän-ge der Man - do - lin
lasst er schal - len nun tra la la la
la la la la la la la hört die Klän-ge der Man - do - lin
la la la la la la la hört die Klän-ge der Man - do - lin

D
fro - her Sinn liegt da - rin im - mer - hin! Hört den
la la la la la la la la la la Hört den fro -
fro - her Sinn liegt da - rin im - mer - hin! Hört den
fro - her Sinn liegt da - rin im - mer - hin! Hört den
rall.
D
fro - hen Sangstimmet ein in den fröh - lichen, se - li - gen Klang!
hen Sangstimmet ein in den fröh - lichen, se - li - gen Klang!
fro - hen Sangstimmet ein in den fröh - lichen, se - li - gen Klang!
fro - hen Sangstimmet ein in den fröh - lichen, se - li - gen Klang!
rall.
GILDA.
D
Er, der mich liebt, freit um
pp
Seht noch ein
pp
Seht noch ein
pp
Seht noch ein
p

G
mich! Ihm den ich lie - be gab' ich mich!
Paar sie schei - nen sich zu lie - ben in - nig wahr!
Paar sie schei - nen sich zu lie - ben in - nig wahr!
Paar sie schei - nen sich zu lie - ben in - nig wahr!
HENRI.
G
Sie die ich lieb' er hör - te mich!
Welch' sel' - ges Glück
Welch' sel' - ges Glück
Welch' sel' - ges Glück
SERAFINE.
H
Ihr, die mich liebt ge - hö - re ich! S'ist Gil - da!
strah - let aus ih - rem Blick!
strah - let aus ih - rem Blick!
strah - let aus ih - rem Blick!

27

SYBIL.   PUNTO.   HENRI.

D-r Ma - tro-se! Wie!Gnädger Herr! Sie nehmen die? Hat der Herr

PUNTO.

Vi - ce - ad - mi - ral viel-leicht et-was da-ge-gen?___ O nein wir

bil - li-gen ja die Wahl und ge - ben Euch den Se - gen!

SYBIL. (spottend)   SERAF.

Die U - ni - form hat sie ver-lockt, sie glaubt,sie fand 'ne Per-le,___ und

GILDA.

doch ist's ein Ma - tro - se nur ein ganz ge - mei - ner Kerl! Ha - ha - ha!Ich

HENRI.
SERAF.
SYBIL.
G
war ja stets im We - ge hier! Den Hohn sollt Ihr noch büs - sen mir! Nimm Dich in
GILDA.
Moderato.
MIRABOLANTE.
Se.
Sy.
Acht vor uns're Wuth! Ich steh' in sei - ner Huth! Hal - tung!
f
M
Hal - tung! Hal - tung und Gran - dez - za Te - ne - rezza
M
De - li - ca - tez - za! Du hast Unrecht! Immer
Allegro.
CARAMBOLO.
M
Un - recht! Un - recht! Da würd es ja vortrefflich passen, auch zu ehren dieses
p

C — Paar unsre Can-tate loszu-lassen! Dasselbe Lied! Warum nicht gar, warum nicht gar!

SERAF.
SYBIL — Dasselbe Lied! Warum nicht gar, warum nicht gar!

HENRI
PINTO — Dasselbe Lied! Warum nicht gar, warum nicht gar!

MIRAB. — Dasselbe Lied! Warum nicht gar, warum nicht gar!

CARAMB. — Wenn wir hier nicht mehr sol-len sin-gen — mag Gil-da selbst ein Liedchen

C — brin-gen. Sie singt am be-sten von uns Al-len! So thu' den

MIRAB.

M — Lentchen den Ge-fal-len! Wohlan! Wohlan! Hört zu!

GILDA.

Moderato.

GILDA.

Frisch mein Maul_thier zieh' Dei_ne Stras_se, tra_be bei Schel_len_
Lieb_chen lauscht durch nächt_li_ches Schwei_gen, ob nicht das Glöck_chen

klang. Bist ein Thier von e_del_ster Ra_ce leicht und flink ist Dein
klingt; wird das treu_e Maulthier sich zei_gen, das den Ge_lieb_ten

Gang. Oft hast Du bei ster_nen_hel_ler Nacht den
bringt? All_zu_lang liess er mich schon al_lein, mit

poco rallent.

sel_ben Weg gemacht, zum Lieb_chen mich gebracht! Von Gra_na_da ging's
mei_ner Sehnsucht Pein! Könnt' längst zu_rück wohl sein! Ach, nim_mer werd' ich

poco rallent.

mun_ter nach Mad_rid in gleichem, nim_mer_mü_den Schritt_
den Ver_rath ver_zeih'n, kehrt er bei ei_ner An_dern ein._

Tra - be, kling-le wei-ter und wei-ter tra-be und kling-le fort!
Bang', ver-geb-lich harrt sie der Klän-ge bebend an ih-rer Thür,

Bring' Dich selbst, so - wie Dei-nen Rei-ter an den er-sehn-ten
plötz-lich wird um's Herz ihr zu en-ge wär' er schon na-he

Ort! _ Dass die Zeit uns Bei-den rasch ent-flieht er-
hier! _ Ja, das ist der Schel-len munt'-rer Klang schon

tö-net dann mein Lied! Ich sing' Dir Et-was vor In
hör' ich auch sein Lied! Von Ei-fer-sucht durchglüht. Ja,

spit-zest hor-chend schon das lan-ge Ohr! Wohl - an! _ Wohl-an!
Ja, das ist sein Sang der mir be-kannt schon lang! Ja _

Gemässigtes Walzertempo.
G
CHOR
pp
I - nes, harrst Du wohl auf mich! Hol -
I - nes, harrst Du wohl harrst Du wohl auf mich? I -
I - nes, harrst Du wohl harrst Du wohl auf mich? I -
I - nes, harrst Du wohl harrst Du wohl auf mich? I -
de I - nes hü - te Dich! Ein Ge -
nes hü - te Dich Ines hü - te Dich! Ein Ge -
nes hü - te Dich Ines hü - te Dich! Ein Ge -
nes hü - te Dich Ines hü - te Dich! Ein Ge -
dan - ke macht mir Qual Ob vielleicht doch einmal welche Schmach
dan - ke nur macht mir ste - te Qual ob von Lieb'
dan - ke nur macht mir ste - te Qual ob von Lieb'
dan - ke nur macht mir ste - te Qual ob von Lieb'

G
— ob ein andrer Mund zur Stund Dir von Liebesprach! Aber nein, nein, o nein! Du bist treu
— ein And' - rer sprach! — A - ber nein —
— ein And' - rer sprach! — A - ber nein —
— ein And' - rer sprach! — A - ber nein —
G
— denkest mein wo auch immer ich sei!
— denkest mein wo auch immer ich sei!
— denkest mein wo auch immer ich sei!
— denkest mein wo auch immer ich sei!
1.
2.
G
sei. Ja sie bleibt treu, ja sie bleibt treu!
sei, Ja sie bleibt treu, ja sie bleibt treu! —
sei, Ja sie bleibt treu, ja sie bleibt treu! —
sei, Ja sie bleibt treu, ja sie bleibt treu! —

Maestoso.
MIRAB.
Hört! Nun erklär' ich of_fi - ciel: Dass die Ver_
bindung morgen hier voll_zogen wer_de, Punkt fünf Uhr ist die Zeit,_seid be-
CARAMB.
Allegro.
reit! Für un_sern Sang die schön_ste Ge_le_gen - heit!
MIRAB.
Halter
Lasst uns sin - gen, lasst uns sin - gen lasst die Ca - stag_net_ten klin - gen
CHOR der SÄNGER.

Allegro.
ein! Auch für die woll'n wir sor - gen die Hoch-zeit fei-ert
mor-gen 's geht in Ei-nem hin!
Allegro. CARAMB.
Wie er-wünscht das kommt!
MIRAB.
Schweiget doch!
Lasst und sin-gen, lasst uns sin-gen, lasst die Ca-stag-net-ten klin-gen!
Lasst und sin-gen, lasst uns sin-gen, lasst die Ca-stag-net-ten klin-gen!
Lasst und sin-gen, lasst uns sin-gen, lasst die Ca-stag-net-ten klin-gen!
Lasst und sin-gen, lasst uns sin-gen, lasst die Ca-stag-net-ten klin-gen!
Allegretto.
Un-ter-des-sen will ich sor-gen für ein glänzend Festmahl mor-gen!

M.
Ein - ge - la - den seid Ihr Al - le zu den fei - er - li - chen Fal - le!
GILDA.
SYBIL.
O welch' süs - se Him - mels won - ne lacht, hell strahlt das Glück in sonn'ger
HENRI.
PUNTO.
O welch' süs - se Him - mels won - ne lacht, hell strahlt das Glück in sonn'ger
G.
S.
Pracht!
H.
P.
Pracht!
GANZER CHOR.
Er lud uns Al - le zu dem Fest - mahl ein!
Er lud uns Al - le zu dem Fest - mahl ein!
Er lud uns Al - le zu dem Fest - mahl ein!
f

Moderato.
GILDA. SERAF. SYBIL.
Mor - gen hört man Glo - cken er - klin - gen, mor - gen die Freu - de lacht!
HENRI. PUNTO.
Mor - gen hört man Glo - cken er - klin - gen, mor - gen die Freu - de lacht!
MIRAB. CARAMB.
Mor - gen hört man Glo - cken er - klin - gen, mor - gen die Freu - de lacht!
Mor - gen hört man Glo - cken er - klin - gen, mor - gen die Freu - de lacht!
Mor - gen hört man Glo - cken er - klin - gen, mor - gen die Freu - de lacht!
Mor - gen hört man Glo - cken er - klin - gen, mor - gen die Freu - de lacht!
G. Se. Sy.
Ju - bel soll zum Himmel sich schwingen ü - ber - all Sang er - wacht. Mor - gen rings nur
H. P.
Ju - bel soll zum Himmel sich schwingen ü - ber - all Sang er - wacht. Mor - gen rings nur
M. C.
Ju - bel soll zum Himmel sich schwingen ü - ber - all Sang er - wacht. Mor - gen rings nur
Ju - bel soll zum Himmel sich schwingen ü - ber - all Sang er - wacht. Mor - gen rings nur
Ju - bel soll zum Himmel sich schwingen ü - ber - all Sang er - wacht. Mor - gen rings nur
Ju - bel soll zum Himmel sich schwingen ü - ber - all Sang er - wacht. Mor - gen rings nur

G. Se. Sv.
heit'_re Lau_ne blüht, die Fröh_lich_keit durchzieht ein jeg_li_ches Ge_müth!_Dann
H. P.
heit'_re Lau_ne blüht, die Fröh_lich_keit durchzieht ein jeg_li_ches Ge_müth!_Dann
M. C.
heit'_re Lau_ne blüht, die Fröh_lich_keit durchzieht ein jeg_li_ches Ge_müth!_Dann
heit'_re Lau_ne blüht, die Fröh_lich_keit durchzieht ein jeg_li_ches Ge_müth!_Dann
heit'_re Lau_ne blüht, die Fröh_lich_keit durchzieht ein jeg_li_ches Ge_müth!_Dann
heit'_re Lau_ne blüht, die Fröh_lich_keit durchzieht ein jeg_li_ches Ge_müth!_Dann
G. Se. Sv.
tönt in vol_lem Cho_re das be_kann_te Lied. Ach
H. P.
tönt in vol_lem Cho_re das be_kann_te Lied. Ach
M. C.
tönt in vol_lem Cho_re das be_kann_te Lied. Ach
tönt in vol_lem Cho_re das be_kann_te Lied. Ach
tönt in vol_lem Cho_re das be_kann_te Lied. Ach
tönt in vol_lem Cho_re das be_kann_te Lied. Ach

Walzertempo.

GILDA.

I - nes harrst Du wohl auf mich?___ Schö - ne l -

SERAF. SYBIL.
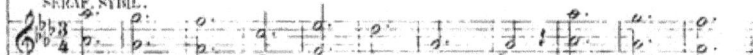
I - nes harrst Du wohl auf mich?___ Schö - ne l -

HENRI. PUNTO.
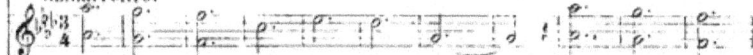
I - nes harrst Du wohl auf mich. Schö - ne l -

MIRAB.
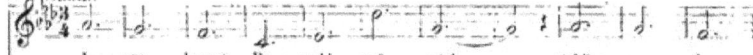
I - nes harrst Du wohl auf mich___ Schö - ne l -

DON CARAMBOLO.

Lasset uns singen nun!

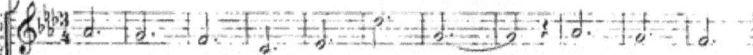
I - nes harrst Du wohl auf mich?___ Schö - ne l -

CHOR der HOCHZEITSGÄSTE.
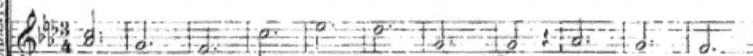
I - nes harrst Du wohl auf mich?___ Schö - ne l -

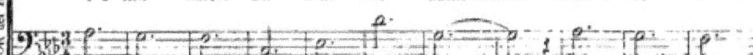
I - nes harrst Du wohl auf mich?___ Schö - ne l -

CHOR der SÄNGER.

Lasset uns singen nun!

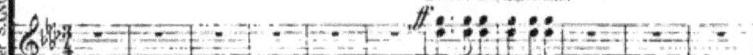
Lasset uns singen nun!

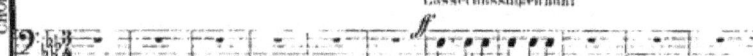
Lasset uns singen nun!

C. 27122

G.
nes hü - te Dich! Ein Ge - dan - ke macht mir
S.
Sy.
nes hü - te Dich! Ein Ge - dan - ke macht mir
H.
P.
nes hü - te Dich! Ein Ge - dan - ke macht mir
M.
nes hü - te Dich! Ein Ge - dan - ke macht mir
C.
Nimmermehr wolln wir ruhn!
nes hü - te Dich! Ein Ge - dan - ke macht mir
nes hü - te Dich! Ein Ge - dan - ke macht mir
nes hü - te Dich! Ein Ge - dan - ke macht mir
f
Nimmermehr wolln wir ruhn!
f
Nimmermehr wolln wir ruhn!
f
Nimmermehr wolln wir ruhn!
f

G. Qual.___ Ob vielleicht, doch einmal, welche Schmach... ob ein andrer Mund zur Stund', Dir von

Se.
Sy. Qual.___ Ob vielleicht, doch einmal, welche Schmach... ob ein andrer Mund zur Stund', Dir von

H.
P. Qual.___ Ob vielleicht, doch einmal, welche Schmach... ob ein andrer Mund zur Stund', Dir von

M. Qual.___ Ob vielleicht, doch einmal, welche Schmach... ob ein andrer Mund zur Stund', Dir von

C. Woll'n unser Bestes thun! Aber hört, aber hört uns doch an,___ ob mehr Eifer man zur Sa_che noch

Qual.___ Ob vielleicht, doch einmal, welche Schmach... ob ein andrer Mund zur Stund', Dir von

Qual.___ Ob vielleicht, doch einmal, welche Schmach... ob ein andrer Mund zur Stund, Dir nicht von

Qual.___ Ob vielleicht, doch einmal, welche Schmach... ob ein andrer Mund zur Stund, Dir nicht von

Woll'n unser Bestes thun! Aber hört, a_ber hört uns doch an,___ ob mehr Eifer man zur Sa _ che noch

Woll'n unser Bestes thun! Aber hört, a_ber hört uns doch an,___ ob mehr Eifer man zur Sa _ che noch

Woll'n unser Bestes thun! Aber hört, a_ber hört uns doch an,___ ob mehr Eifer man zur Sa _ che noch

ff

Presto.
G.
Liebe sprach! Aber nun, Du bist mein, Du bist treu, — denkest mein wo es immer auch sei!
Se.
Sg.
Liebe sprach! Aber nun, Du bist mein, Du bist treu, — denkest mein wo es immer auch sei!
H.
P.
Liebe sprach! Aber nun, Du bist mein, Du bist treu, — denkest mein wo es immer auch sei!
M.
Liebe sprach! Aber nun, Du bist mein, Du bist treu, — denkest mein wo es immer auch sei!
C.
haben kann! Nimmer müd', nimmer müd', nimmer müd' — werden ja wir bei unsrem Lied! Lasst uns sin - gen
Liebe sprach! Aber nun, Du bist mein, Du bist treu, — denkest mein wo es immer auch sei!
Liebe sprach! Aber nun, Du bist mein, Du bist treu, — denkest mein wo es immer auch sei!
Liebe sprach! Aber nun, Du bist mein, Du bist treu, — denkest mein wo es immer auch sei!
haben kann! Nimmer müd', nimmer müd', nimmer müd' — werden ja wir bei unsrem Lied! Lasst uns sin - gen
haben kann! Nimmer müd', nimmer müd', nimmer müd' — werden ja wir bei unsrem Lied! Lasst uns sin - gen
haben kann! Nimmer müd', nimmer müd', nimmer müd' — werden ja wir bei unsrem Lied! Lasst uns sin - gen
ff

G.
Mor-gen lacht die Freud' strah-let Hei-ter-keit der
Sc. Sy.
Mor-gen lacht die Freud' strah-let Hei-ter-keit der
H. P.
Mor-gen lacht die Freud' strah-let Hei-ter-keit der
M.
Mor-gen lacht die Freud' strah-let Hei-ter-keit der
C.
lasst uns sin-gen, lasst die Ca-stag-net-ten klin-gen denn der
Mor-gen lacht die Freud' strah-let Hei-ter-keit der
Mor-gen lacht die Freud' strah-let Hei-ter-keit der
Mor-gen lacht die Freud' strah-let Hei-ter-keit der
lasst uns sin-gen, lasst die Ca-stag-net-ten klin-gen denn der
lasst uns sin-gen, lasst die Ca-stag-net-ten klin-gen denn der
lasst uns sin-gen, lasst die Ca-stag-net-ten klin-gen denn der

G.
Son - nen - schein dringt bis in's Herz hin - ein!
Sc.
Sv.
Son - nen - schein dringt bis in's Herz hin - ein!
H.
P.
Son - nen - schein dringt bis in's Herz hin - ein!
M.
Son - nen - schein dringt bis in's Herz hin - ein!
Son - nen - schein dringt bis in's Herz hin - ein! Nur sin - gen
Son - nen - schein dringt bis in's Herz hin - ein!
Son - nen - schein dringt bis in's Herz hin - ein!
Son - nen - schein dringt bis in's Herz hin - ein!
Son - nen - schein dringt bis in's Herz hin - ein! Nur sin - gen
Son - nen - schein dringt bis in's Herz hin - ein! Nur sin - gen
Son - nen - schein dringt bis in's Herz hin - ein! Nur sin - gen
1.

Ende des I. Actes.

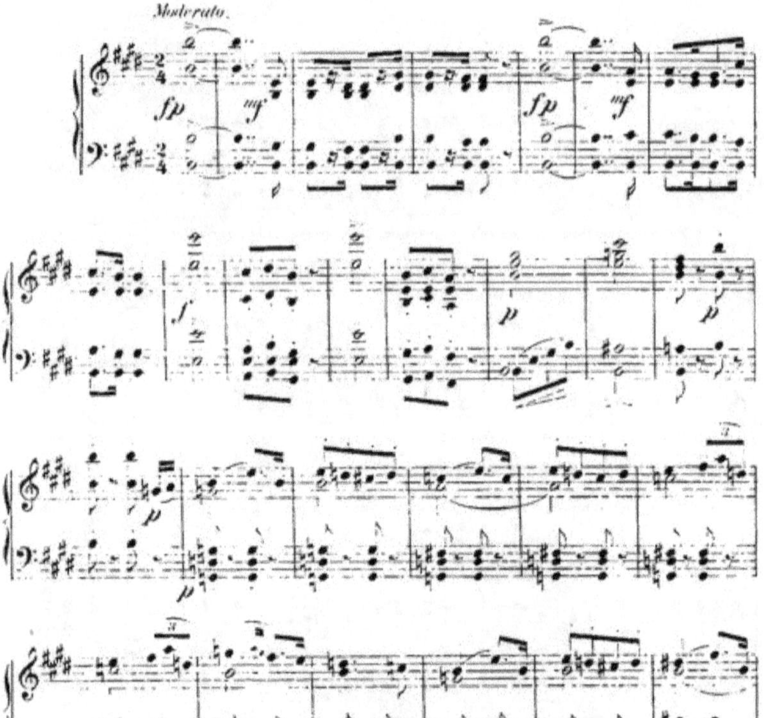
Moderato.

Allegro.
Chor hinter der Scene.
Lasst uns sin - gen, lasst uns sin - gen lasst die Ca - stag - net - ten klin-
Lasst uns sin - gen, lasst uns sin - gen lasst die Ca - stag - net - ten klin-
Lasst uns sin - gen, lasst uns sin - gen lasst die Ca - stag - net - ten klin-
- gen denn der Spa - nier liebt Scandal — und das klin - get sehr na - tio - nal!
- gen denn der Spa - nier liebt Scandal — und das klin - get sehr na - tio - nal!
- gen denn der Spa - nier liebt Scandal — und das klin - get sehr na - tio - nal!
— Lasst uns sin - gen, lasst uns sin - gen lasst die Ca - stag-
— Lasst uns sin - gen, lasst uns sin - gen lasst die Ca - stag-
— Lasst uns sin - gen, lasst uns sin - gen lasst die Ca - stag-

net - ten klin - gen denn der Spa - nier liebt Scandal__ und das

net - ten klin - gen denn der Spa - nier liebt Scandal__ und das

net - ten klin - gen denn der Spa - nier liebt Scandal__ und das

klin - gen na - tio - nal!

klin - gen na - tio - nal!

klin - gen na - tio - nal!__

No 9. Duett.

Andantino.
HENRI.
PIANO.
p
pp
Sag', „Du" zu mir! Dies kleine
Wörtchen den ganzen Himmel mir er - schliesst! Sag', „Du zu mir! Was dem auch fol - ge, das
Här - teste wird dann ver - süsst! Sag', „Du" zu mir! Mit Engel - stimmen mich die - se einz'ge Silbe
grüsst! Sag', „Du" zu mir! Und neues Le - ben warm strömend durch die Adern fliesst! Ein „Du", wie
we - nig Müh' für Dich, ein „Du" welch un - ermess - lich Glück für mich!

Allegro moderato.

„Du mein Ge-lieb-ter!" Won-ne-laut,

„Du bist mein Glück" wie lieb und traut!

Sag',,Du"zu mir, Du hol-de Braut!—Ein einzig Wort

ich's hören möcht'

GILDA.

Du lie-ber Mann!

GILDA.

Ist's Dir so recht?

HENRI.

Ganz gut dem Ro-sen-

lippenpaarbring'für das „Du"den Dank ich dar!

Ach!

Ach!

Vom

Vom

rallent.

Andante.
pp
G.
„Du" zum Kuss ist nicht mehr weit, ist nicht mehr weit! Vom Kuss zum „Du" welch'
H.
„Du" zum Kuss ist nicht mehr weit, ist nicht mehr weit! Vom Kuss zum „Du" welch'
p
Ped.
Se-lig-keit, welch' Se-lig-keit! Ich sa-ge „Du" nun fort und fort, ja
Se-lig-keit, welch' Se-lig-keit! O nen-ne „Du" mich fort und fort, ja
accel.
a tempo.
fort und fort! Ver-eint hat uns das klei-ne Wort, das klei-ne Wort drum
fort und fort! Ver-eint hat uns das klei-ne Wort, das kleine Wort hat uns ver-
sag' ich „Du" nun fort und fort, ja fort und fort
eint drum nenn' mich „Du" nun fort, ja fort und fort
pp
mf

Nº 10. Couplet.

Allegretto.

CANDIDA.

PIANO.

1. Ich hab' schon manchen Sturm erlebt, wo Al - les krachend brach! Land -
Seemannsgattin zie - ret mich ein ech - ter Seeweib - sinn. Wohl

rat - ten die Ihr zit - ternd bebt Cou - ra - ge! Folgt mir nach! Mein Mann war Held und
an, nun soll! Ihr seh'n dass ich auch noch Seemut - ter bin! Und doch bin ich mehr

Ca - pi - tän er lehr - te mich, am Steuer steh'n ——— He - i - ho! ——— Ho - i - ho!
Mann als Weib, der Kampf mein liebster Zeitver - treib.

Ho - i - ho! Ho - i - ho! Ho - i - ho! Seid zur Hand - schon seh' ich Land! Mein Wahl-spruch ist: Alle

Mannauf Deck!" Auf dem Fleck ge – entert keck! Back – bord, Steuerbord, Hin_terdeck!

Seid zur Hand, schonschlich Land! Mein Wahlspruchheißt: Alle Mañ auf Deck! Auf dem Fleckge _ entert keck!

DEODATO.

Seid zur Hand, schonschlich Land! Mein Wahlspruchheißt: Alle Mañ auf Deck! Auf dem Fleckge _ entert keck!

NARZISSO.

Seid zur Hand, schonschlich Land! Mein Wahlspruchheißt: Alle Mañ auf Deck! Auf dem Fleckge _ entert keck!

Backbort, Steuerbord, Hin _ ter _ deck!

Backbort, Steuerbord, Hin _ ter _ deck!

Backbort, Steuerbord, Hin _ ter _ deck!

1.

2.

2. Als

No 11. Quartett.

Allegretto.

SERAFINE.

CANDIDA.

DEODADO.

NARCISSO.

PIANO.

Um mich zu losen, Blasphe_mie!   Ha, die_seSchmachvergess'ich nie!

Wollt Ihr mir treu zur Sei_te steh'n?

Was wünschen Sie?

Wir sind bereit!

Wir sind bereit!

SERAFINE.

Ich wünsche mich zu rä_chen!

CANDIDA.

Schön! Schön!

Allegretto. SERAF.

Ha! Ich als Spa-nie-rin weiss mit Rache um-zugehn!

Je-de Spa-nie-rin muss zu rächen sich ver-stehn! Rache ist mir an-ge-

bo-ren der Ver-rä-ther ist ver-lo-ren der die Schwester

hat er-koren Rache Rache hab' ich ihm zu ge-schwo-ren!

Rache diesem Thoren, die-sem Tho-ren

S.
Ich als Spa-nie-rin weiss mit Rache um-zu-geh'n! Je-de Spa-nie-rin
C.
Sie als Spa-nie-rin weiss mit Rache um-zu-geh'n! Je-de Spa-nie-rin
D.
Sie als Spa-nie-rin weiss mit Rache um-zu-geh'n! Je-de Spa-nie-rin
N.
Sie als Spa-nie-rin weiss mit Rache um-zu-geh'n! Je-de Spa-nie-rin
f
S.
muss zu rächen sich ver-steh'n! Ra-che ist mir an-ge-bo-ren der Ver-
C.
muss zu rächen sich ver-steh'n! Ra-che ist ihr an-ge-bo-ren der Ver-
D.
muss zu rächen sich ver-steh'n! Ra-che ist ihr an-ge-bo-ren der Ver-
N.
muss zu rächen sich ver-steh'n! Ra-che ist ihr an-ge-bo-ren der Ver-
S.
rä-ther ist ver-lo-ren der die Schwester hat er-ko-ren
C.
rä-ther ist ver-lo-ren der die Schwester hat er-ko-ren
D.
rä-ther ist ver-lo-ren der die Schwester hat er-ko-ren
N.
rä-ther ist ver-lo-ren der die Schwester hat er-ko-ren

S.
Ra-che Rache hab' ich ihm zu-ge-schwo-ren Ra-che die-sem
C.
Ra-che Rache hat sie ihm zu-ge-schwo-ren Ra-che die-sem
D.
Ra-che Rache hat sie ihm zu-ge-schwo-ren Ra-che die-sem
N.
Ra-che Rache hat sie ihm zu-ge-schwo-ren Ra-che die-sem
ff
Tho-ren, die-sem Tho - ren!
Tho-ren, die-sem Tho - ren!
Tho-ren, die-sem Tho - ren!
Tho-ren, die-sem Tho - ren!
SERAFINE.
Wer mir hilft und Ra - che bringt — die-se Hand als Lohn er-ringt.
p

DEODATO.
Wir steh'n zur Dis - po - si - ti - on, um zu er - rin - gen
NARCISSO.
Wir steh'n zur Dis - po - si - ti - on, um zu er - rin - gen
D.
sol - chen Lohn!
N.
sol - chen Lohn!
Allegro.
CANDIDA.
Vertrau'n Sie mei - nen Söh - nen
C.
hier als wohl - er - halt'ne Ca - va - lier' als wohl - er - halt'ne Ca - va - lier!
Moderato.
Ganz herr - lich wird das Qui - pro - quo! Nun macht an's Werk Euch
su - bi - to! der Plan ist gut, kein lee - res Stroh. Sei folg - sam und Du
p
p

gra-de so! Jetzt wisst Ihr Bei-de „Wie" und „Wo"! Ihr tre-tet ein ganz
ap-ro-pos! Der Ein' in Ro-be und Tri-cot! Der And're bei-nah'
e-ben-so! Erst fangt Ihr an pia-nis-si-mo, dann for-te und for-
tis-si-mo! Du sprichst wie Kö-nig Sa-lo-mo! Und Du sprichst gra-de
e-ben-so! Schreit man auch Ze-ter, Mor-di-o die Eh' ist nich-tig-

Più mosso.
S.
Und wir in dul - ce ju - bi - lo ge - nies - sen uns'- re
C.
Und wir in dul - ce ju - bi - lo ge - nies - sen uns'- re
D.
Und wir in dul - ce ju - bi - lo ge - nies - sen uns'- re
N.
Und wir in dul - ce ju - bi - lo ge - nies - sen uns'- re
f
rallent.
Tempo I.
Ra - che froh, ja wir ge - nies - sen uns'- re Ra - che sie - ges froh!
Ra - che froh, ja wir ge - nies - sen uns'- re Ra - che sie - ges froh!
Ra - che froh, ja wir ge - nies - sen uns'- re Ra - che sie - ges froh!
Ra - che froh, ja wir ge - nies - sen uns'- re Ra - che sie - ges froh!
rallent.
f
f

Nº 12. Duett.

Moderato.

SYBILLINE.

PUNTO.

PIANO.

mf   *f*   *p*

Gleich nach der

Trau-ung ge-hen wir auf Reisen so will's bei uns Fa-mi-lien-brauch.

Das ist mir

lieb, denn na-tio-na-le Wei-sen in Sang und Klang studiert ich auch.

Auch die Nob-

mf   *p*

les-se kann zu wei-len sin-gen.

So-gar ein Her-zog hat 'mal Lust zu springen

Lebt

114

ich bei uns'-ren Rei_sen auch nur in höh'-ren Krei_sen der Tanz hat doch mich

in_tressirt

Ja na_tiona_le Wei_sen Ge_tränke und auch Speisen die hab' ich gründlich

wel_che Sympa_thie ich füh_le grad wie Sie. O wel_che Sympa_

durchstudirt O wel_che Sympa_thie ich füh_le grad wie Sie. O wel_che Sym_pa_

Allegro.

thie ich füh_le g'rad wie Sie.

thie ich füh_le g'rad wie Sie.

C. 27122.

Allegretto.
Sa_hen Sie wie die Gi _ ta _ na mit blit_zen_den Au_gen sich schwingt
Hör_ten Sie wie zu der Guz _ la das Tam_bourin er_klingt
PUNTO.
Ungefähr so, ungefähr so!
SYBIL Moderato.
Tra la la ___ la _ la la ___ Tra la la ___ la _ la
rallent.
tra la ___ la la la la tra la ___ tra la la la _ la la
rallent.

tra la la la la la la la la la la la la la la

la la la

Più mosso con fuoco.

ff

p

Tempo I.

Kürz-lich hab' ich die Be-kann schaft von ei-ner Po-lin ge-macht

P
die ei-nen Tanz mich ge-lehrt hat feu-rig s'ist ei-ne Pracht!
SYBIL.
S
Un-gefähr so
PUNTO.
Un-gefähr so
Tempo di Mazurka.
P
La la la la la la la la la
f
p
P
la la la la la la la la la la la
P
la la la la la la la la la la la

Più mosso.(Tanz.)
Meno mosso.
SYBIL.
Tempo I.
Auf ei_nerReise in Deutsch_land
die mit denVa_ter ich macht_ sah ich die Krone der Tän_ze ach,das war ei_ne
Walzertempo. Anfangs langsamer.
Pracht! Ungefähr so
PUNTO.
Ungefähr so.
SYBIL.
Ha!___

rall.
a tempo.
la tra la la la la la la la la la
tra la la la la la la tra la la la la la la la
f
Tanz. Più mosso.
ff
ff
f

120

№ 13. Finale.

C. 27122.

GILDA.
Nun bist Du mein ei - gen, wie das Herz mir schlägt
p
G
HENRI.
Lass' uns noch ver schwei - gen was Dich so be -
L'istessotempo.
H
PUNTO.
wegt. Gnäd'ger Herr! Was ge-schieht denn nun mit mir? Was soll ich jetzt
p
P
HENRI.
PUNTO.
thun! Ein Beispiel gab ich sel-ber Dir! Hei-ra-the nun! Soll der Spass noch weiter
P
HENRI.
PUNTO.
geh'n! Es ist mein Ernst Du wirst schon seh'n! Thu-e was ich comman-dir! Ach schon

HENRI.
P
wird ganz grässlich mir! — Also Ernst! Meiner Seel'! — 'S ist Ad-mirals-be-
MIRABOL.
PUNTO.
H
fehl! — Schwiegersohn es wird schon spät, — kommen Sie! — Geduld! Wenn 'ne
SERAFINE.
P
Dummheit draussen steht, — ich bin mei-ner Seel nicht schuld! Aus-zu-führen uns're
p
S
Plä-ne nahet endlich jetzt die Zeit. Solche Heirath bleibt na-türlich oh-ne Gil-tig-
GILDA.
S
keit! — Du bist nun mein ei-gen wie glück-lich bin ich, ha! —
HENRI.
Du bist nun mein ei-gen wie glück-lich bin ich. ha! —

Aus der Ka-pel-le tönt Glockenklang, er schwingt sich so hel-le die Strasse ent-lang!

Da-zu ge-sel-le froh sich der Sang, bis dann wir zur Stel-le nach fest-lichem Gang!

MIRABOL.

Platz da! Ihr Leu-te tre-tet zur Sei-te

es naht das ed-le Paar!

Seht da naht das jun-ge Paar! Heil und Glück ihm im -
Seht da naht das jun-ge Paar! Heil und Glück ihm im -
Seht da naht das jun-ge Paar! Heil und Glück ihm im -
mer - dar Heil und Glück ihm im-mer - dar
mer - dar Heil und Glück ihm im-mer - dar Heil und
mer - dar Heil und Glück ihm im-mer - dar Heil und
Allegretto maestoso.
im - mer - dar!
Glück ihm im-mer - dar!
Glück ihm im-mer - dar!

SERAFINE.
Schon naht der Al - ca - de mit dem No - tar!

CANDIDA.
'Sist das ver - klei - de - te Brü - der - paar! Unkenntlich sind sie ganz und gar!

Allegro.
Seht den Al - ca - den und den No - tar!

Seht den Al - ca - den und den No - tar!

Seht den Al - ca - den und den No - tar!

DEOD. Moderato.
Der Al - ca - de ist geschäftig Wo zwei

NARZISSO.
der No - tar! immerdar. Wo zwei

C. 27122.

D.
Herzenstehn in Flammen ge_ben wir sie schnell zusammen! Der Ge _ fühle Un_gestüm wird durch
N.
Herzenstehn in Flammen ge_ben wir sie schnell zusammen! Der Ge _ fühle Un_gestüm wird durch
D.
uns dann legitim! Den Al _ ca _ den, braucht ein je_des Liebe
N.
uns dann legitim! den No_tar Liebespaar. Liebe
D.
ist an sich nicht schicklich, durch Con_tract erst macht sie glücklich den dann ist sie de_stilirt auf die
N.
ist an sich nicht schicklich, durch Con_tract erst macht sie glücklich den dann ist sie de_stilirt auf die
D.
Dauer con_servirt!
N.
Dauer con_servirt! Was die Zukunft ro _ sig malt, das fixir so _ fort ich schwarz auf

DEOD.
N. weiss!_ Von der Lie_be All_ge_walt führ' ich sorg_sam
D. schriftlich den Be_weiss!
NARZISSO.
Was ein Seufzer leis' be_gann, das führ' mit
N. Tin_te ich zu End'!
DEOD.
A_mors gan_zen Feld_zugs_plan ma_le
D. ich auf's Per_ga_ment! Ihr zahlt Stempel und Ge_büh_ren und die Andern gra_tu_
N. Ihr zahlt Stempel und Ge_büh_ren und die Andern gra_tu_
D. li_ren Euch in Eu_ren ganzen Haus! Deñ der Segen bleibt nicht aus._ Der Al_
N. li_ren Euch in Eu_ren ganzen Haus! Deñ der Segen bleibt nicht aus._

D.
N.
ca_de Ist geschäftig Wo zwei Herzen steh'n in Flammen geben
der No_tar! immerdar Wo zwei Herzen steh'n in Flammen geben
p
wir sie schnell zusammen! Der Ge_fühle Ungestüm wird durch uns dann le_gi_tim! Den Al_
wir sie schnell zusammen! Der Ge_fühle Ungestüm wird durch uns dann le_gi_tim!
ca_den braucht ein je_des Lie_be
den No_tar Lie_bes_paar. Lie_be
ist an sich nicht schicklich, durch Contract erst macht sie glücklich den dann ist sie de_stil_lirt auf die
ist an sich nicht schicklich, durch Contract erst macht sie glücklich den dann ist sie de_stil_lirt auf die

D.
Dau-er con-ser - virt! Ew'ge Lieb' wir ga-ran - ti-ren ja auf Wunsch as-se-cu -
N.
Dau-er con-ser - virt! Ew'ge Lieb' wir ga-ran - ti-ren ja auf Wunsch as-se-cu -
tr
D.
ri-ren wechsel - sei-tig wir die Treu'! Zins und steu-er frei drum empfiehlt sich Eu-er
N.
ri-ren wechsel - sei-tig wir die Treu'! Zins und steu-er frei drum empfiehlt sich Eu-er
tr
D.
Gna-de der No-tor und der Al - ca-de mit dem schönsten Kompli-ment, nun hat die Sach' ein
N.
Gna-de der No-tor und der Al - ca-de mit dem schönsten Kompli-ment, nun hat die Sach' ein
tr
Più mosso.
D.
End'!
N.
End'!
f

Moderato.
PUNTO (für sich.)
MIRAB.
Das lass' ich blei - ben
Ich bit - te nun zu unterschrei - ben, hier der Contract!
p
HENRI.
denn schliesslich droht doch mir Krakehl!
Du musst, 's ist Ad - mi - rals be - fehl!
GAND.
PUNTO (leise zu Henri)
Ich bit - te zuerst die Damen!
Was soll ich thun? Schreib' meinen
Allegro.
SERAFINE.
CANDIDA.
DEODADO.
NARCISSO.
Ha er geht in die Fal - le und er - reicht

S. ist das Ziel,____ be-tro - gen-sind sie Al - le, und ge-won - nen ist das Spiel!

C. ist das Ziel,____ be-tro - gen-sind sie Al - le, und ge-won - nen ist das Spiel!

D. ist das Ziel,____ be-tro - gen-sind sie Al - le, und ge-won - nen ist das Spiel!!

N. ist das Ziel,____ be-tro - gen-sind sie Al - le, und ge-won - nen ist das Spiel!

S. Ha er ging ___ in die Fal - le,__ und er-

C. Ha er ging ___ in die Fal - le __ und er-

D. Ha er ging ___ in die Fal - le __ und er-

N. Ha er ging ___ in die Fal - le __ und er-

S. reicht__ ist das Ziel,___ be-tro - gen-sind sie Al - le und ge-won - nen ist das

C. reicht__ ist das Ziel,___ be-tro - gen-sind sie Al - le und ge-won - nen ist das

D. reicht__ ist das Ziel,___ be-tro - gen-sind sie Al - le und ge-won - nen ist das

N. reicht__ ist das Ziel,___ be-tro - gen-sind sie Al - le und ge-won - nen ist das

Allegro.
S.
G.
Spiel!
D.
N.
Spiel!
CHOR.
S.
Wir gra_tulirn dem ed_len Paar! Glück und Heil blüh ihnen immer_
T.
Wir gra_tulirn dem ed_len Paar!
B.
Heil und Glück
dar! Auf Ihr Wohl schenket ein frischen Wein a_ber spanisch muss er
Glück und Heil blüh ihnen immer_dar schenket ein frischen Wein a_ber spanisch muss er
im_mer_dar schenket ein frischen Wein a_ber spanisch muss er
f
Allegro vivo.
sein! A_ja! A_ja! A_ja! A _ ja!
sein! A_ja! A_ja! A_ja! A _ ja!
sein! A_ja! A_ja! A_ja! A _ ja!
f
f

MIRABOL.

1. Keine Lust gibt's_ ohne Lie_der_ hier in Spa_nien un_be_

PUNTO.

dingt_ Jaman lässt sich ger_ne nie_der wo man feu_rig spanisch singt! In den

Sän_gen_ in den Tän_zen,_ die voll Le_ben und Hu_mor kommt auch oh_ne Castag_

netten Manchen etwas spanisch vor!_

GILDA und SERAFINE *col Sopran I.*
SYBILLINE und CANDIDA *col Sopran II.*

Alles spanisch immer spanisch was nicht spanisch ist nicht

HENRI *col Tenor I.*
DEODADO *col Tenor II.*

Alles spanisch immer spanisch was nicht spanisch ist nicht

NARCISSO und MIRABOLATE *col Bass I.*

Alles spanisch immer spanisch was nicht spanisch ist nicht

schön! Oh - ne spanisch oh - ne spa - nisch kann Eu - ro - pa nicht be - stehn'

schön! Oh - ne spanisch oh - ne spa - nisch kann Eu - ro - pa nicht be - stehn'

schön! Oh - ne spanisch oh - ne spa - nisch kann Eu - ro - pa nicht be - stehn'

2. In den

stehn! Oh - ne stol - ze Spa - nier müss - te ja - die

stehn! Oh - ne stol - ze Spa - nier müss - te ja die

stehn! Oh - ne stol - ze Spa - nier müss - te ja die

Allegro. MIRAB

Was soll das sein?

Welt zu Grun - de gehn'

Welt zu Grun - de gehn'

Welt zu Grun - de gehn'

DON CARAMBOLO.
Ach welch ein Schreck
Wie fürchterlich! Meine arme Mando_li_ne!
ALLE SOLI mit CHOR.
Allegro non troppo.
Was ist gescheh'n so sprich doch sprich! Weshalb diese Jammermiene?
Was ist gescheh'n so sprich doch sprich! Weshalb diese Jammermiene?
Was ist gescheh'n so sprich doch sprich! Weshalb diese Jammer _ miene.
DON CARAMBOLO.
A _ ber_mals_ wollten wir ge_ra _ de be _ gin_nen uns' _ re
Se_re_na_de___
Allegro.
Da stiess ein Fahrzeug ans Land, mit englischen Kriegernde,

mannt. Be_waff_net bis an die Zäh_ne drangen sie ganz oh_ne
Ge_ne vorwärts durch dünn und dick bis mit_ten in uns'rer Mu_
sik! Gleich sind sie hier!
HENRI.
Nur Ruh' ein
CHOR.
ALLE SOLI mit CHOR.
Weh' uns weh' uns weh' uns
Weh' uns weh' uns weh' uns
Weh' uns weh' uns weh' uns
eng_lisches Boot, sagst Du? Der
Sie bra_chen die Waf_fenruh' was soll das sein?
Sie bra_chen die Waf_fenruh' was soll das sein?
Sie bra_chen die Waf_fenruh' was soll das sein?

PUNTO.

Anschlag gilt uns al . lein! Na . türlich nur uns al . lein man hat die Waf . fen .

HENRI.

ruh verletzt! O wär'n wir auf uns' rem Schif . fe jetzt! Ich zahlt es ih . nen

MIRABOL.   DON CARAMB.

hein gewiss! Welch' tapfrer Bursch ist dies! Da sind sie schon!

SOLIS. mit CHOR.

Was wird da . raus?

Was wird da . raus?

Was wird da . raus?

MIRABOL.

Hal . tung   Hal . tung   ge . ziemt dem Mann vom Stande!

C. 27122.

(zu Lowel.)
M
Was wünschen Sie in die-sem Haus?
LOWEL.
Ver-zeihen Sie, wenn
wir fatal und stö-rend kommen hier.
Wo ist der Vi-ce-ad-mi-ral?
HENRI.
Den sehen Sie in mir!
pp
Wie? Was?
pp
Wie? Was?
pp
Wie? Was?
f
p
MIRABOL.
Begreifet Ihr denn nicht?
Er folgt der Ehre Pflicht! Er opfert sich trotz der Gefahr ein treuer
Er? Was will der?
Er? Was will der?
Er? Was will der?

SOLIS ohne HENRI mit CHOR.
M
Bursch fürwahr!
Er opfert sich trotz der Ge_fahr, ein treu_er Bursch für_
Er opfert sich trotz der Ge_fahr, ein treu_er Bursch für_
Er opfert sich trotz der Ge_fahr, ein treu_er Bursch für_
Allegretto.
LOWEL.
So kann man mich nicht hinter_gehn, ich hab' die U_niform ge_seh'n im heissen Kam_pfe manches_
wahr!
wahr!
wahr!
L
mal und ken_ne sie am er_sten Blick! Sie sind der Vi_ce_ad_mi_ral und mein Ge_

HENRI.
Ganz gut, be-nüt-zen wir das Glück!
PUNTO.
fang'ner!
Ge-fan-gen wär'
CHOR.
Welch Ge-schick!
Welch Ge-schick!
Welch Ge-schick!
ich?
LOWEL.
Das müss-te ei-gent-lich ich mir noch ü-ber-
Ich bitt' um Ih-ren De-gen!
p
le-gen! Erst sa-gen Sie ge-fälligst mir: Wie
ist in Eng-land Kost und Quartier für feind-li-che Ad-mi-

P.
rä - le?
Porter Beefsteak?
L.
Dem Rang gemäss ganz excellent!
HENRI.
Mach'ein
p
H.
End'!
Nun denn, Ich stehe zu Be - feh -
p
SYBIL.
P.
le! Man reisst mich von dir los! Ich ster.be, ich ster.be! Mein Schmerz ist riesen-
Sy.
gross, ich ster.be, ich ster.be Ach we.he mir Ach! Ach Schatzerl welch ein Loos? Nun
PUNTO.
rallent.
HENRI (leise zu Punto.)
Bald komst Du wieder los! Die Freiheit bring' ich Dir!
P.
müssen scheiden wir!
Ach! Ach! Ach!

142

Andante.

Nun lass' gefasst das Leid uns tra-gen, ich bin gefasst und zwar beim Kragen!

D'rum zei-ge gross Dich im Ent-sa - gen leb' wohl und stil-le Dei - ne Klagen!

GILDA.

SERAF.
Was helfen Klagen? Sie muss es tragen

SYBIL. Dem Heissgelieb-ten muss-te ich entsagen nun muss auch sie dengleichenSchmerz er-tra-gen

HENRI. DemGatten soll ich schon entsa - gen? Ach,kaumkaúichden Schmerz er - tra - gen,

PUNTO. Bald sollst Du schon frei wieder sein.

LOWEL. Du wirst von DeinemSchmerzgene - sen, es wä-refreilich schön ge-we - sen,

MIRAB. Rüh - rend sind die Klagen doch man muss es tragen

Rüh - rend sind die Klagen doch man muss es tragen

Rüh - rend sind die Klagen doch sie muss es tragen

Rüh - rend sind die Klagen a - ber sie muss es tragen

Rüh - rend sind die Klagen doch sie muss es tragen

C. 27122.

G
ach sie bleibt al - lein es hat nicht sol_len sein!
Se
ja sie bleibt al - lein es hat nicht sol_len sein!
Sy
Was helfen Kla_gen? Nun ste_he ich al_lein es hat nicht sol_len sein!
H
Bald schon sollst ge - rächt Du sein, ich wer_de Dich be_
P
Lass' ab mit Klagen, man muss sich fügen d'rein es hat nicht sol_len sein, es hat nicht sollen
L
kei - ne Macht kann jetzt ihn befrei'n es hat nicht sol_len
M
ar - me Toch - ter füg' Dich da_rein es hat nicht sol_len
er fügt sich als Held schon da_rein.
er fügt sich als Held schon da_rein.
er fügt sich als Held schon da_rein.

Sie bleibt al - lein   es soll nicht sein.   *f* Fort   muss

Sie bleibt al - lein   es soll nicht sein.   *f* Fort   muss

ich steh' al - lein   es soll nicht sein.   *f* Fort   muss

frei'n _____ bald sollst gerächt Du sein! _____ *f* Fort   muss

sein _____ drum fügen wir uns drein.   Ja   *f* Ich   muss

sein _____ nichts kann ihn mehr be frei'n!   Nein!   *f* Nichts   kann

sein _____ drum füget Euch da - rein!   Ja   *f* Fort   muss

Sie bleibt al - lein   es soll nicht sein   *f* Le - bet

Sie bleibt al - lein   es soll nicht sein   *f* Le - bet

Sie bleibt al - lein   es soll nicht sein   *f* Le - bet

G. er ach und sie bleibt al - lein.
Sc. er ja er lässt sie al - lein.
Sy. er ach und ich bleib' al - lein.
H. er doch er soll frei bald sein.
P. fort las - se Dich hier al - lein.
L. mehr ihn be - frei'n es muss sein.
M. er da - rum füg' Dich da - rein.
wohl, le - bet wohl es muss sein.
wohl, le - bet wohl es muss sein.
wohl, le - bet wohl es muss sein.
Allegro.
HENRI.
Und sollen

H. dul - den wir die That__ den un-er - hör - ten Ver - rath? Der Feind dringt

H. ein,__ trotz Waffen - ruh' wir sollen schwei - gen da - zu?__ Auf zu den

H. Waf-fen und den Räubern nach ein Feig - ling nur trägt solche Schmach! Um

Allegro.

H. Racheschreit zum Himmel die-se Schmach. Ein Feigling nur trägt solche Schmach!

GILDA u. SERAFINE col Sopran I.
SYBILLINE u. CANDIDA col Sop. II.

Ein Feigling nur trägt solche Schmach!

Ein Feigling nur trägt solche Schmach! Auf zu den

MIRAB. u. CARAMB. col Bass I.

Ein Feigling nur trägt solche Schmach! Auf zu den

Ein Feigling nur trägt solche Schmach!

Waffen ih_nen nach! Ein Feigling nur trägt solche Schmach! Auf zu den Waffen ih_nen

Waffen ih_nen nach! Ein Feigling nur trägt solche Schmach! Auf zu den Waffen ih_nen

Um Ra_che schreit zum Himmel die_se Fre_vel_that! D'rum

nach Um Ra_che schreit zum Himmel die_se Fre_vel_that! D'rum

nach Um Ra_che schreit zum Himmel die_se Fre_vel_that! D'rum

Moderato.

zu den Waf_fen! Hört o hört! Was ist das?

zu den Waf_fen! Hört o hört! Was ist das?

zu den Waf_fen! Hört o hört! Was ist das?

148

Frohen Muths bei dem To-sen der Wel-len schau'n wir zu, wie sie nacht-los zerschel-len am

Frohen Muths bei dem To-sen der Wel-len schau'n wir zu, wie sie nacht-los zerschel-len am

ALLE SOLIS mit CHOR.

Uns'-re Ret-ter sie sind da! Hur-rah Vic-to-ri-a!

Uns'-re Ret-ter sie sind da! Hur-rah Vic-to-ri-a!

Uns'-re Ret-ter sie sind da! Hur-rah Vic-to-ri-a!

Klippenrand, am Klippenrand am Bug von unsern stolzen Schiff!

Klippenrand, am Klippenrand am Bug von unsern stolzen Schiff!

Mag der Wind vol-ler Wuth uns um-we-hen, dienst bereit muss die Se-gel er blä-hen, er

Mag der Wind vol-ler Wuth uns um-we-hen, dienst bereit muss die Se-gel er blä-hen, er

Mag der Wind vol-ler Wuth uns um-we-hen, dienst bereit muss die Se-gel er blä-hen, er

Chor auf der Scene.

Eben recht kommen sie der Himmel sen-det sie!

Eben recht kommen sie der Himmel sen-det sie!

Eben recht kommen sie der Himmel sen-det sie!

Chor h.d. Scene.

treibt uns fort auf weiter Bahn uns un-ter-than ist der Or-kan!

treibt uns fort auf weiter Bahn uns un-ter-than ist der Or-kan!

treibt uns fort auf weiter Bahn uns un-ter-than ist der Or-kan!

HENRI.

Habt Dank Ihr Freunde, Ihr kommt im rech-ten Au-gen-blick.

BOOTSMANN.

Wir sah'n ein eng-lisches Schiff sich nähern dem Land! Da giebt's Verrath, dachten wir, schnell die

B

Waf-fen zur Hand, im Schutz der Nacht uns auf den Weg gemacht. Den Freunden Rettung ge-

Marsch-Tempo.
B
bracht da naht die Mannschaft schon!
SOLIS mit CHOR.
Chor a.d. Scene.
Hurrah, hur-
Hurrah, hur-
Hurrah, hur-
Chor h.d. Scene.
Gilt's ei-nen küh-nen Streich-wir sind zur Hand gleich!
Gilt's ei-nen küh-nen Streich-wir sind zur Hand gleich!
Wir sind zur Hand gleich!
rall.
rah Vic-to-ri-a!
rah Vic-to-ri-a!
rah Vic-to-ri-a!
-Und giebt's Ge-fahr da-bei, uns ei-ner-lei hei! Wir hal-ten gu-te
-Und giebt's Ge-fahr da-bei, uns ei-ner-lei hei! Wir hal-ten gu-te
- Uns ei-ner-lei hei! Wir hal-ten gu-te

ALLE SOLIS mit CHOR.

Herbei zum

Herbei zum

Wacht und ge _ ben Acht! _ WoFreunde sind be _ dräut zum Kampf be _ reit! _ Herbei zum

Wacht und ge _ ben Acht! _ WoFreunde sind be _ dräut zum Kampf be _ reit! _ Herbei zum

Wacht und ge _ ben Acht! _ WoFreunde sind be _ dräut zum Kampf be _ reit! _

BEIDE CHÖRE *unissono*.

kühnen Streich wir sind zur Hand gleich! _ Und giebts Gefahr da _ bei, uns ei _ ner _ lei hei!

kühnen Streich wir sind zur Hand gleich! _ Und giebts Gefahr da _ bei, uns ei _ ner _ lei hei!

Wir sind zur Hand gleich! _ Uns ei _ ner _ lei hei!

_ Wir hielten treu _ e Wacht und ha _ ben freu _ dig Hil _ fe Euch ge _ bracht _ Wir hielten

_ Wir hielten treu _ e Wacht und ha _ ben freu _ dig Hil _ fe Euch ge _ bracht _ Wir hielten

_ Wir hielten treue Wacht und haben freudig Hil _ fe Euch ge _ bracht _ Wir hielten

HENRI.
Nun
treu - e Wacht und freu - dig sei Euch Ret - tung ge - bracht.
treu - e Wacht und freu - dig sei Euch Ret - tung ge - bracht
treu - e Wacht und freu - dig sei Euch Ret - tung ge - bracht.
Meno mosso.
H
sei's voll - bracht im Schutz der Nacht! Habt Acht! Der Ra - che
H
Stund' ist da Ver - gel - tung ist nah'! Dem Feind gilt es jetzt der ver - rä - thrisch den
H
Eid verletzt! Nicht ach - tend Ehr' und Pflicht die Waf - fen - ru - he bricht. Dem Rechten zum

HENRI, MIRABOL u. CARAMBOL *col Tenor I.*
BOOTSMANN u. DEODADO *col Tenor II.*
NARCISO *col Bass I.*

H

Hohn ihm wird jetzt sein Lohn Drum fort, drum

Drum fort, drum fort, nun an Bord der Feind soll büssen das Ver-

Drum fort, drum fort, nun an Bord der Feind soll büssen das Ver-

Drum fort, drum fort, nun an Bord der Feind soll büssen das Ver-

ge - hen, eh' er es ahnt; soll er die Rächer vor sich se - hen! Al - le ver-

ge - hen, eh' er es ahnt; soll er die Rächer vor sich se - hen! Al - le ver-

ge - hen, eh' er es ahnt; soll er die Rächer vor sich se - hen! Al - le ver-

eint Rache frisch auf den Feind! Rache der un - ge - straft zu ver-

eint Rache frisch auf den Feind! Rache der un - ge - straft zu ver-

eint Rache frisch auf den Feind! Rache der un - ge - straft zu verhöh_nen uns meint! Drum fort, drum fort nun an Bord__ der Feind soll büs_sen das Ver_

höh_nen uns meint! Drum fort, drum fort nun an Bord__ der Feind soll büs_sen das Ver_

höh_nen uns meint! Drum fort, drum fort nun an Bord__ der Feind soll büs_sen das Ver_

ge_hen eh' er es ahnt, soll er die Rächer vor sich se_hen! Al_le ver_

ge_hen eh' er es ahnt, soll er die Rächer vor sich se_hen! Al_le ver_

ge_hen eh' er es ahnt, soll er die Rächer vor sich se_hen! Al_le ver_

eint Rache! Frisch auf den Feind! Rache gebt ihn den Lohn für seinen Hohn!

eint Rache! Frisch auf den Feind! Rache gebt ihn den Lohn für seinen Hohn!

eint Rache! Frisch auf den Feind! Rache gebt ihn den Lohn für seinen Hohn!

GILDA, SERAF. u. SYBIL.
HENRI u. BOOTSM.

Ja der Ra_che Stund' ist nah' _____ bald seid

Die Stund' ist nah' ha

Bald ___ ist die Stunde der Rache schon nah'

Bald ___ ist die Stunde der Rache schon nah'

ihr als Rä_cher da, die Ra_chestund' ist nah' Vic to ri

Die Stund' ist nah' Wohlan, vor_an!

Ja, wir sind nah' Wohlan, vor_an!

Ja, wir sind nah' Wohlan, vor_an!

a Der Feind soll büs

Nun fort an Bord, nun fort, drum fort nun an Bord, der Feind soll büssen das Ver _ ge_hen

Nun fort an Bord, nun fort, drum fort nun an Bord, der Feind soll büssen das Ver _ ge_hen

Nun fort an Bord, nun fort, drum fort nun an Bord, der Feind soll büssen das Ver _ ge _ hen,

GILDA u. SERAF.
SYBIL. u CANDIDA.
sen sein Ver_ge_hen Al_le ver_eint Rache!
HENRI. BOOTSM.
sen sein Ver_ge_hen Al_le ver_eint Rache!
eh' er es ahnt, wird er die Rächer vor sich se_hen! Al_le ver_eint Rache!
eh' er es ahnt, wird er die Rächer vor sich se_hen! Al_le ver_eint Rache!
eh' er es ahnt, wird er die Rächer vor sich se_hen! Al_le ver_eint Rache!
ff
H. B.
Stürmt auf den Feind Rache! Zahlt ihm den Lohn für seinen Hohn, hur_rah!
Stürmt auf den Feind Rache! Zahlt ihm den Lohn für seinen Hohn, hur_rah!
Stürmt auf den Feind Rache! Zahlt ihm den Lohn für seinen Hohn, hur_rah!
Stürmt auf den Feind Rache! Zahlt ihm den Lohn für seinen Hohn, hur_rah!
Stürmt auf den Feind Rache! Zahlt ihm den Lohn für seinen Hohn, hur_rah!
ff

Ende des II. Actes.

III. ACT.
No. 14. Entreact und Chor.

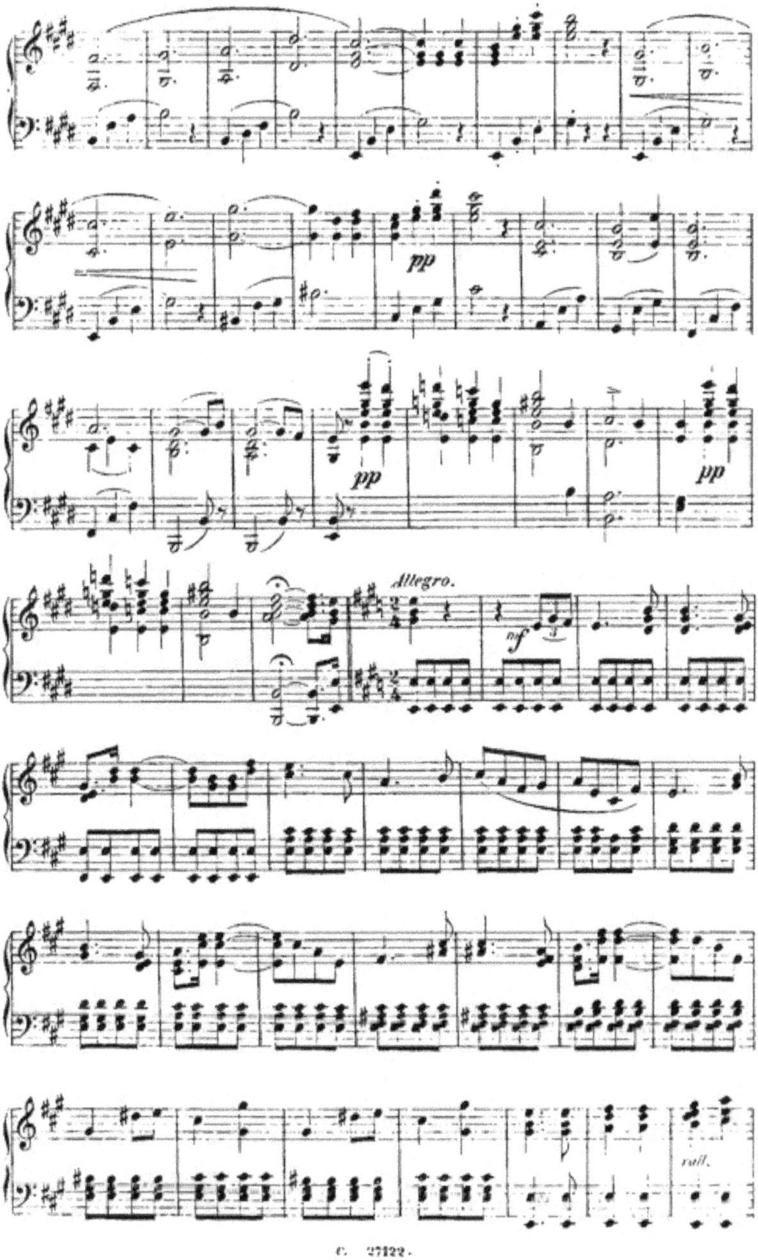
pp
pp
pp
Allegro.
mf
rall.

CHOR.
Wir sind be - freit, der Feind zer - streut, der uns bedräut, entfloh schon weit. Der Sieg ist
Wir sind be - freit, der Feind zer - streut, der uns bedräut, entfloh schon weit. Der Sieg ist
Wir sind be - freit, der Feind zer - streut, der uns bedräut, entfloh schon weit. Der Sieg ist
da! Von Fern und Nah ertönt Hur - rah Vic - to - ri - a! Wir sind be - freit, der Feind zer -
da! Von Fern und Nah ertönt Hur - rah Vic - to - ri - a! Wir sind be - freit, der Feind zer -
da! Von Fern und Nah ertönt Hur - rah Vic - to - ri - a! Wir sind be - freit, der Feind zer -
streut, der uns be - dräut, entfloh schon weit! Der Sieg ist da! Von Fern und
streut, der uns be - dräut, entfloh schon weit! Der Sieg ist da! Von Fern und
streut, der uns be - dräut, entfloh schon weit! Der Sieg ist da! Von Fern und
f

Nah er tönt hur rah Vic_to _ ri _ a!   Wenn in Ju_bel_chören

Nah er_tönt hur_rah Vic_to _ ri _ a!

Nah er_tönt hur_rah Vic_to_ri_a!

wir die Hel_den Eh_ren, feh _ le beim Empfang nicht Frau_en_ge_sang.

Wäh_rend sanf_te Wei_sen Ruh_mes_tha_ten prei_sen strahlt aus al_ler

Bli_cken Ent_zücken, d'rum wenn in Ju_bel_chören wir die Hel_den Eh_ren

feh_le beim Empfang nicht Frau_en_ge_sang, wenn so sanf_te Wai_sen

Rhu - mes-thaten preisen strahlt je - der Blick!

Ge - bro-chen ist nun

Eng-lands-Macht. Ju.heis-sa das war brav ge-macht!

Ja, ja, wir ken - nen sol-che

Ja, nun ist's vor - bei mit England's

Ja, nun ist's vor - bei mit England's

Schlacht, wir ha-ben oft sie mit ge-macht!

Sol - che

Macht, das war brav ge-macht, war brav ge-macht, brav ge-macht! Wir sind be-

Macht, das war brav ge-macht, war brav ge-macht, brav ge-macht! Wir sind be-

Schlacht ha-ben oft sie mit ge-macht! Wir sind be-

freit, der Feind zer - streut, der uns be-dräut, entfloh schon weit. Der Sieg ist
freit, der Feind zer - streut, der uns be-dräut, entfloh schon weit. Der Sieg ist
freit, der Feind zer - streut, der uns be-dräut, entfloh schon weit. Der Sieg ist
da von Fern und Nah er-tönt Hur-rah Vic-to-ri-a! Ja, der Sieg ist da Vic-to-ri-
da von Fern und Nah er-tönt Hur-rah Vic-to-ri-a! Ja, der Sieg ist da Vic-to-ri-
da von Fern und Nah er-tönt Hur-rah Vic-to-ri-a! Ja, der Sieg ist da Vic-to-ri-
a! Ja, der Sieg ist da. Vic-to-ri-a!
a! Ja, der Sieg ist da. Vic-to-ri-a!
a! Ja, der Sieg ist da. Vic-to-ri-a!

No 15. Sextett.

Marschtempo.

MIRABOL.

Solch' ein

PIANO.

M. Hel - den - ruhm ist erb - lich strahlt von Kind auf Kin - des - kind; al - le

M. wer - den wir un - sterb - lich, wie wir hier bei - sam - men sind. Er er -

M. stieg des Ruh - mes Stu - fen und wir Al - le stei - gen nach, im - mer

M. hö - her, im - mer wei - ter, nur nicht ängstlich, nur nicht schwach.

rollend.

C. 27122.

SERAF.
SYBIL.
Hipp, hipp hur - rah! Vic - to - ri - a in der Fa - mi - lie
CANDIDA.
Hipp, hipp hur - rah! Vic - to - ri - a in der Fa - mi - lie
DEOD.
NARZISSO.
Hipp, hipp hur - rah! Vic - to - ri - a in der Fa - mi - lie
M.
Hipp, hipp hur - rah! Vic - to - ri - a in der Fa - mi - lie
mf
Se.
Sy.
bleibt die Glo - ri - a hipp, hipp hur - rah! Vic - to - ri - a
C.
bleibt die Glo - ri - a hipp, hipp hur - rah! Vic - to - ri - a
D.
N.
bleibt die Glo - ri - a hipp, hipp hur - rah! Vic - to - ri - a
M.
bleibt die Glo - ri - a hipp, hipp hur - rah! Vic - to - ri - a
Se.
Sy.
in der Fa - mi - lie bleibt die Glo - ri - a!
C.
in der Fa - mi - lie bleibt die Glo - ri - a!
D.
N.
in der Fa - mi - lie bleibt die Glo - ri - a!
M
in der Fa - mi - lie bleibt die Glo - ri - a!
ff
f

MIRAB.

Kin - der ich bin ü - ber - wäl - tigt, dass ich kaum mich fas - sen kann!
Wun - der - sa - me Helden sa - gen ma - chen uns' - re Tha - ten kund,

M

In ge - hob - ner Stimung fühl' ich dass auch ich ein gros - ser
Und in zahl - los vie - len Stro - fen preist uns All' des Vol - kes

M CAND.

Mann! Gros - se Männer sind wir Al - le Al - le ohne Unter - schied, weil in
Mund. Ja, man preiset und be - wundert, wer nur nahe steht dem Haus, und ein

C SYBIL.

solch' besondrem Fal - le man auf das Geschlecht nicht sicht. Cli - o mit der Schiefer - tafel hält den
künf - ti - ges Jahrhundert haut vielleicht uns sämtlich aus. Mütter he - ben ih - re Kinder in die

Sy SERAF.

Grifel und ge - nau schreibt sie zu dem Natio - na - le auch den Namen seiner Frau! Auch die
Höh' und ru - fen: Seht! Seht, dort geht er, seht, dort kömt er, seht, das ist er, der dort steht! Jedes

Se.
Schwä-gerin, der Schwager wird berühmt und weiss nicht wie, die ent-fern-testen Verwandtschaft kommt selbst
Stück von seinem Anzug einst hi-storisch werden muss, dieser Rock kommt ins Mu-se-um, die-ser
in die Biogra-fie. Kommt selbst in die Biogra-fie, kommt selbst in die Biogra-fie. Ja, der
Hut in Spi-ri-tus. Die-ser Hut in Spi-ri-tus, die-ser Hut in Spi-ri-tus!
SYBIL.
CAND.
DEOD.
NARC.
MIRAB.
Kommt selbst in die Biogra-fie, kommt selbst in die Biogra-fie. Ja, der
Die-ser Hut in Spi-ri-tus, die-ser Hut in Spi-ri-tus!
Se. Sy.
C.
D. N.
M.
Hel-denruhm ist erb-lich, strahlt auf Kind und Kin-des-kind. Al-le wer-den wir un-

sterblich wie wir da beisammen sind. Er er-stiegdes Ruhmes Lei-ter und wir Al - le steigen

sterblich wie wir da beisammen sind. Er er-stiegdes Ruhmes Lei-ter und wir Al - le steigen

sterblich wie wir da beisammen sind. Er er-stiegdes Ruhmes Lei-ter und wir Al - le steigen

sterblich wie wir da beisammen sind. Er er-stiegdes Ruhmes Lei-ter und wir Al - le steigen

nach. immer hö-her, immer wei-ter,nur nicht ängstlich nur nicht schwer! Hipp.hipp hur-

nach. immer hö-her, immer wei-ter,nur nicht ängstlich nur nicht schwer! Hipp.hipp hur-

nach.immer hö-her, immer wei-ter,nur nicht ängstlich nur nicht schwer!

nach.immer hö-her, immer wei-ter,nur nicht ängstlich nur nicht schwer!

rah! Vic - to-ri-a in der Fa-mi-lie bleibt die Glo-ri-a!

rah! Vic-to-ri-a in der Fa-mi-lie bleibt die Glo-ri-a!

Hipp.hipp hur-rah! Vic-to-ri-a in der Fa-mi-lie bleibt die Glo-ri-a!

Hipp.hipp hur-rah! Vic-to-ri-a in der Fa-mi-lie bleibt die Glo-ri-a!

Se.
Sy.
— Hipp, hipp hur - rah! — Vic - to - ri - a — in der Fa - mi - lie bleibt die
C.
— Hipp, hipp hur - rah! — Vic - to - ri - a — in der Fa - mi - lie bleibt die
D.
N.
— Hipp, hipp hur - rah! — Vic - to - ri - a — in der Fa - mi - lie bleibt die
M.
— Hipp, hipp hur - rah! — Vic - to - ri - a — in der Fa - mi - lie bleibt die
Glo - ri - a!
Glo - ri - a!
Glo - ri - a!
Glo - ri - a!
a!
a!
a!
a!

№ 16. Walzer.

PUNTO.
PIANO.
„Stark sind
nur wir Män - ner, doch die Wei - ber zart und schwach!" so ver - si - chern al - le
Ken - ner und die An - dern reden's nach.
Doch möcht' gern ich
fra - gen: Wenn so schwach ist das Ge - schlecht, warum kann's so viel ver -
tra - gen, was den stärk - sten Mann um - brächt?
Frei muss ich's gestehn, hab's
p
pp
Ped.

— mit Be-wund'-rung oft ge-seh'n; was — Unser-eins nie bringt zu Stand, das geht den
Frau'n ganz leicht von der Hand! — Eng' im Pan-zer-mieder geschnürt die Glie-der. Schleppen
tra-gen, schwer sich plagen, grad' wie der Sträfling mit sei-ner Ket-te, das heisst: Grand Toi-
let-te! Massen fal-scher Haa-re, oft schwerste Waa-re, Käm-me, Na-deln — da-zu
radeln sie gern in solch einen Schuh'nen sol-chen Fuss, nur fest — es geht schon, es muss, — es muss!
rallent.
rallent.

172

Stark sind _ nur wir Män _ ner, _ doch die Wei _ ber _ sind so schwach! So ver _ si _ chern al _ le

Ken _ ner _ und die An _ dern beten's nach! _ Doch Eins muss ich sa _ gen _ wenn auch

schwach ist _ das Ge _ schlecht, viel kann es ver _ tragen was Keiner von uns fer _ tig bräch'!

Stets die Bli _ cke spazie _ ren füh _

ren, lieb voll An _ muth dreh'n, _ oft auch mit Zeh'n möglichst zugleich koket _ tirn! Hier dem Ei _ nen

27122.

ni_cken „Ja" dort dem Andern win_ken „Nein" und doch immer währ'nden Schein, dass
muss wohl sehr an stren_gend sein! Und nie_mals stär_ker sind die Frau'n als
wenn der Schwäche sie vertrau'n! Krampf, o Gott, Mi_grä_ne, furchtbare Macht hat
solch' ei_ne Sce _ ne! Ein Ohnmachtsfall_ das Ant_litz bleich_ein Ar_se_nal an
Waf_fen reich! Dann erst Thränen_lauf!_ Starkes Geschlecht, da kommst du nicht

auf! D'rum d'rum sag' ich im Ver-trau'n:
rall. f a tempo.
—Dasswir stär - ker— als die Frau - en!—Man von Ju - gend auf uns lehrt: — 'S ist ja
rall. a tempo.
mög - lich— aber täg - lich man das Ge - gen - theil er - fährt: — Zwei - fel
—muss ich wa - gen— ob so schwach sei— dies Ge - schlecht. viel kanns ver - tragen was
Keiner von uns fer - tig brächt'!

N⁰ 17. Finale.

weit! ___ Der Sieg ist da! Von Fern und Naher tönt Hur - rah Victo - ri - a!

weit! ___ Der Sieg ist da! Von Fern und Naher tönt Hur - rah Victo - ri - a!

weit! ___ Der Sieg ist da! Von Fern und Naher tönt Hur - rah Victo - ri - a!

Klingt es in den Lüf-ten? Don-nerts aus den Klüf-ten? Rauscht es nicht vom Klip-pen-

rand dort am Strand? Jauch-zend von den Hö-hen tönts mit Stur-mes-we-hen

Seht vom Feind be-freit un-ser Land! Nun klingt es in den Lüf-ten

Horch, wie das

Horch, wie das

SERAF.
SYBILL.
Jetzt komt er!
Heil dem Her - zog.
CAND.
Jetzt komt er!
Heil dem Her - zog.
DEADADO
NARCISSO.
Jetzt komt er!
Heil dem Her - zog.
MIRAB
Jetzt komt er!
Die Freude ist col - lossal!
CHOR.
Don - nerts aus den Klüften. Rauscht es nicht von Klippen - rand dort am Strand Jauchzend von den Höhen
klingt wie das rauscht dort vom Strand von den Hö - hen tönt's wie
klingt wie das rauscht dort vom Strand von den Hö - hen tönt's wie
Se.
Sy.
dem Vi - ce - ad - mi - ral. Was sieht er?
C.
dem Vi - ce - ad - mi - ral. Was sieht er?
D.
N.
dem Vi - ce - ad - mi - ral.
M.
Was seh' ich? Das ist ein Scandal! Der
tönt's mit Sturmes wehen frei das Land. Was sieht er?
Stur - mes we - hen frei das Land Was sieht er?
Stur - mes we - hen frei das Land Was sieht er?
p

M. Herzog, die_se Her_zogin sagt mir, ob ich betrunken bin? SERAF. Was soll das heissen?

CAND. Was soll das

heissen? SYBILL. Das ist ja! MIRAB. Nun freilich! SERAF. Der Matro_se SYBILL. abscheulich!

CAND. Als Her_zog? DEOD. NARC. Un_begreiflich! SERAF. SYBILL. Er als Her_zog? MIRAB. Noch immer zweifl'ich

SERAF. SYBILL.
Hör'n wir doch!

CAND.
Hör'n wir doch!

M. geht die Ko_mö_die wei_ter noch! Hör'n wir doch! Hör'n wir doch!

Hör'n wir doch!

Hör'n wir doch!

Hör'n wir doch!

HENRI.
Der Anschlag uns'. rer Fein.de ist miss.lungen und ih.re Flot . te schon auf hohem
p
H
Meer; weithin zerstreut, vernichtet und be.zwungen, kein feindlich Se.gel in der Nähe
H
Meer! Ca.dix ist frei vor.ü.ber die Ge.fahr! Dank die.ser tapf'.ren Hel.den .
GILDA. SERAF.
E.vi . va die.se tapfre Hel.den.schaar.
SYBILL. CAND.
Cadix ist frei vor.über die Ge fahr! Dank der tapfre Hel.den.schaar.
H
schaar. E.vi . va die.se tapfre Hel.den.schaar.
DEOD. NARCISSO.
Cadix ist frei vor.über die Ge.fahr! Dank der tapfre Hel.den.schaar. Das geht nicht
MIRAB.
CHOR.
Cadix ist frei vor.über die Ge.fahr! Dank der tapfre Hel.den.schaar.
Cadix ist frei vor.über die Ge.fahr! Dank der tapfre Hel.den.schaar.
Cadix ist frei vor.über die Ge.fahr! Dank der tapfre Hel.den.schaar.
f

Poco meno mosso.

län - ger so fort! Jetzt ist auch ich um's Wort! Denn Klar-heit er - heischt die Si - tu - a - ti -

on, wo ist mein Schwiegersohn?

CAND. col Sopr. II. Wo ist er der Schwiegersohn? Wo

DEOD. u. NARC. col Tenor II. Wo ist er der Schwiegersohn? Wo

Wo ist er der Schwiegersohn? Wo

HENRI.
Sie wünschen Ihn zu seh'n?

ist der Schwieger - sohn?

ist der Schwieger - sohn?

ist der Schwieger - sohn?

PUNTO.
H.
Daskannsogleichgescheh'n! Pun-to, mein Braver, komm' her! Da
MIRAB.
Der, wasmuss ich seh'n?
P.
bin ich bitte sehr! Ja ich! Un-ter Männern kann man's ja ge-
p
SYBILL.
SERAF.
CAND.
Weh mir! Wie der? Wie der?
MIRAB.
DEOD. MARC.
P
steh'n! Wie der? Wie der?
mf
PUNTO.
MIRIB.
PUNTO.
Ja, der! Ich for-de-re Er-klärung! Da habn wir die Be-
Wie der?
Wie der?
Wie der?

Moderato.
P
scheerung! Ich bin schuldlos meiner Seel! Es war ein Ad_mirals_be_fehl, mir ist es
SYBILL.
CAND.
P
selber recht fa_tal, dass ich nicht Vi_cead_mi_ral! Ich an ei_nen Knecht gekettet! Nein, die
p
pp
f
Allegretto.
C
Lieb' hat Sie ge_ret_tet! Den Al_caden, den No_tar stellte dar mein Zwillings-
DEOD. NARC.
C
paar! Bei den Trauungsakt fun_gir_te kein Al_ca_de, kein No_tar, dass die_ser
DEOD.
D. N.
Spass zum Guten führ_te, danken Sie nur uns fürwahr! Ich No_tar
NARC.
Beide
Und ich Al_ca_de! Beide

GILDA.
Alles sei verziehen Euch
D
HENRI.
hof-fen wir auf Gna - de für den gutgemeinten Streich! Alles sei verziehen Euch
N
PUNTO.
hof-fen wir auf Gna - de für den gutgemeinten Streich!
So kann ich
P
CAND. (zu Sybill. u. Seraf.)
un - be - weibt nach Hau - se geh'n? Neh - men Sie die Bei - den un - be -
p
C
PUNTO.
seh'n! Aus dem Eh'mann ward ein Jung - ge - sell ja im Krieg a - vancirt man
Marschtempo.
CAND. (kokett nach Punto blinzelnd.)
P
schnell! Wer weiss ob der es nicht ein - mal noch
C
PUNTO.
bringt zum Vi - ce - ad - mi - ral! Nein ich bleib' le - dig auf den Schreck!

PUNTO. Walzertempo.
Glaubt mir — ich bin
C.
D.
N.
Backbord, Steuerbord, Hin - ter - deck!
Backbord, Steuerbord, Hin - ter - deck!
Backbord, Steuerbord, Hin - ter - deck!
CHOR
Er
Er
Er
f
ff
p
rit.
P
Ken - ner, — ich ver-steh' mich — auf die Sach', — Auch der Stärk - ste — al - ler
ver - steht die-se Sach'. Män -
ver - steht die-se Sach'. Män -
ver - steht die-se Sach'. Män -
pp
P
Män - ner — hat Mo-men - te — wo er schwach. — D'rum still mit dem
ner selbst wer-den schwach Da -
ner selbst wer-den schwach Da -
ner selbst wer-den schwach Da -

Prah _ len: Schliesslich muss man _ dennoch frei'n _____ Himm_lische

rum   still   ein_mal muss man frei'n Himm_lische

rum   still   ein_mal muss man frei'n Himm_lische

rum   still   ein_mal muss man frei'n Himm_lische

Allegro vivo.

Qua_len, euch braucht man um glücklich zu sein!

Qua_len, euch braucht man um glücklich zu sein!

Qua_len, euch braucht man um glücklich zu sein!

Qua_len, euch braucht man um glücklich zu sein!

Ende der Operette.

C. 27122.

www.ingramcontent.com/pod-product-compliance
Lightning Source LLC
Chambersburg PA
CBHW020535270326
41927CB00006B/581

9783744672474